Okko Herlyn

HÖRNSEMA

50 VERSUCHE, NIEDERRHEIN ZU VERSTEHEN

Mit Illustrationen von Claudia Richter

 WIR SIND NIEDERRHEIN

 Mercator Verlag

IMPRESSUM

2. Auflage 2024
© Mercator-Verlag OHG, Duisburg
Alle Rechte vorbehalten
www.mercator-verlag.de

Texte: Okko Herlyn
Illustrationen: Claudia Richter
Umschlagfoto: Marc Albers
Satz & Gestaltung: media team Duisburg

ISBN 978-3-946895-38-1

Bibliografische Information der Deutschen Bibliothek:
Die Deutsche Bibliothek verzeichnet diese Publikation in der
Deutschen Nationalbibliografie; detaillierte bibliografische
Daten sind im Internet über http://dnb.dnb.de abrufbar.

VORWORT

Was sind sie uns doch alle vertraut – Onkel Werner aus Winnekendonk. Oder Onkel Horst aus Rheinkamp. Oder Tante Ruthild, von der jeder und jede von uns doch mindestens ein Exemplar in der eigenen Verwandtschaft weiß. Okko Herlyn hat uns in seinen Kolumnen »Hörnsema«, die immer samstags auf der Niederrheinseite der NRZ veröffentlicht wurden, das Wesen des Niederrheins und seiner Menschen liebevoll und charmant, ironisch und mit einer ordentlichen Portion Schalk im Nacken, nachdenklich und gern auch etwas provozierend erklärt.

»Hörnsema« ist Kult geworden. Wir lernen heiter und amüsiert, dass es ein großer Unterschied ist, wo man seine Wurzeln hat – in Neukirchen oder Vluyn, Menzelen-Ost oder -West, Ober- oder Untermeiderich, Rumeln oder gar Kaldenhausen.

Okko Herlyn schaut hin, hört zu, spürt die Seele eines Volkes, das überall auf der Welt zu Hause ist, am Niederrhein aber am meisten. Leben und reden ohne viel Gedöns: »Na, wie isset?« »Wie sollet schon sein?« »Und sonst?« »Muss.« »Und selbst?« »Auch.«

Dabei schenkt er uns wieder Urworte wie »Bütterken«. Oder »usselich«. Oder »rumkrosen«. Und »rammdösig«. Und dieses unglaubliche Staunen in vier Buchstaben: »Näne?«

Ein niederrheinisches Büchlein wie es niederrheinischer nicht sein könnte. Ehrlich und humorvoll, kantig und verdreht, bildreich und bauernschlau, liebevoll und anrührend. So sind wir eben, wir am Niederrhein.

Heike Waldor-Schäfer, NRZ – Wir am Niederrhein

Dass der Niederrheiner zwar nix weiß, aber alles erklären kann, hat sich seit den Tagen unseres Freundes Hanns Dieter Hüsch bekanntlich tief in das kollektive niederrheinische Gedächtnis eingegraben. Doch es wurde mir neulich noch einmal neu und eindrücklich durch unsere Tante Ruthild zu Bewusstsein gebracht.

Wir waren gerade unterwegs zum Kaffeetrinken bei meiner Nichte Svenja-Charlène in Niederkrüchten. Es muss wohl an der Autobahnauffahrt Krefeld-Gartenstadt Richtung Köln gewesen sein. In fast schon verkehrsgefährdender Weise wurde ich ganz verzaubert von den weißblühenden Hängeranken, die geradezu überbordend die dortigen Lärmschutzwände optisch ein wenig erträglicher machen. »Tante Ruthild«, so hob ich unvorsichtigerweise an, »du kennst dich doch aus. Was sind das hier noch für Pflanzen? Pfeifenwinde, Clematis montana (die Nähe zu Duisburg hätte das ja nahegelegt), Kletterhortensie oder vielleicht sogar irgendein seltener Seiden-Efeu?« »Da kannze recht haben«, erwiderte Tante Ruthild nach gründlichem Nachdenken, »irgendsowat is dat.«

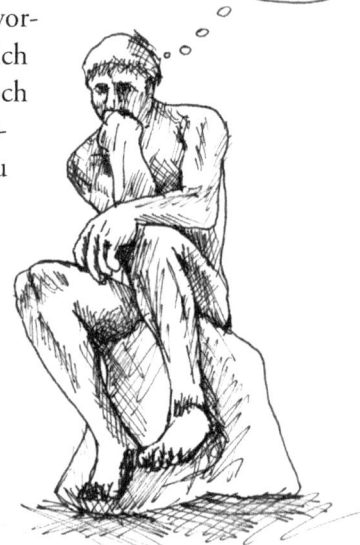

Irgendsowat is dat.

»Irgendsowat is dat.« Wie viele große Denker machen sich nicht schon seit Urzeiten 'n Kopp um die berühmte »Weltformel«. Was das nun wieder ist? Nun, das ist so eine Art Schlüssel, mit dem man eigentlich alles, was es so gibt, leicht erklären kann. Albert Einstein zum Beispiel war so einer. Mit seiner mittlerweile jedem Kind vertrauten Erkenntnis »E = mc²« ist er ja bis heute ganz weit vorne, wenn es darum geht, dem Geheimnis allen Seins auf die Schliche zu kommen. Aber seien wir ehrlich, was ist das gegen Tante Ruthilds »irgendsowat is dat«?

Denn nur mal so unter uns: Wo hat sich solch ein geradezu magischer Deutungscode nicht alles schon bewährt? Der Wagen vor uns auf der Autobahn: Mitsubishi oder doch eher so ein Koreaner? »Tja, irgendsowat is dat«. Und was gab es zum Nachtisch auf der Köllmannschen Goldhochzeit im Lippeschlösschen? »Da fragen Se mich wat. Ich glaube, Himbeerquark oder Cookie-Dough-Dessert. Irgendsowat war dat.« Kann man es genauer sagen? Schwerlich.

Stellt sich am Ende natürlich die Frage, um was für eine Art von Literatur sich eine Zeitungskolumne wie »Hörnsema« überhaupt handelt. Küchenwissenschaftliche Sprachanalyse? Pseudointellektuelle Heimatschnulze? Niederrheinischer Spätdadaismus?

Ich denke mal: »Irgendsowat is dat.«

WIE ISSET?

Es muss wohl mit der frühen Christianisierung des Niederrheins zu tun haben, dass man hier so auffallend intensiv am Ergehen seines Mitmenschen Anteil nimmt. Bekanntlich werden wir ja bereits in der Bibel mehr als einmal dazu aufgefordert, dem Anderen unbedingte Aufmerksamkeit zukommen zu lassen. Wer einem auch immer etwa zwischen Eltener Berg und Elmpter Wald über den Weg laufen mag – stets heißt es sogleich: »Wie isset?« Das ist Nächstenliebe pur.

Doch der Niederrheiner wäre nicht Niederrheiner, wenn er nicht auch hier geschickt zu kontern vermöchte: »Wie isset?« »Wie sollet sein?« Unschwer ist hier die alte philosophische Tradition erkennbar, nach der man auf eine Frage nicht mit einer platten Antwort, sondern mit einer klugen Gegenfrage zu reagieren hat, um den ursprünglichen Frager sozusagen auf sich selbst zurückzuwerfen. »Wie isset?« »Wie sollet sein?« Genial.

So wie kürzlich, als ich mal wieder in Rheinkamp zu tun hatte. Ach, dachte ich noch so, ich könnte eigentlich mal wieder beim Onkel Horst vorbei. Was weiß ich, wann wir uns das letzte Mal gesehen haben. An Tante Ruthilds Geburtstag wahrscheinlich. Also noch vor Corona. Aber egal. Ich also hin. »Tach, Gisbert«, meinte der Onkel Horst auch gleich, »wie isset?« »Wie sollet sein?«, erwiderte ich mit philosophischem Gleichmut.

»Jou«, meinte der Onkel Horst, »und dat hier is getz der neue Duschvorhang. Den alten konnze doch allmählich verbrennen. De Herta war ja nur am Rummaulen. Mein Gott, Horstemann, war se immer dran, wird dat in diesem Leben nommal wat mit deim Duschdinges da? Kennze ja. Aber wat sollet. Übrigens habbich bei der Gelegenheit dem Schlafzimmer auch gleich en neuen Anstrich verpasst. Hier, kannze mal kucken. Aufe Betten brauchse ja im Moment nich so zu achten. Na, isset nich schön geworden? Amsterdamer Alt-Rosé oder so ähnlich. Soll ja son bisken wat für die Liebe gut sein, meinter Verkäufer im Baumarkt noch so. Ah, dummes Zeuch. Aber wenne mich so frachs, dann könnt der Boden im Klo eigentlich aumal. Hier, dä Guido Tenhaeff, dä hat doch Fliesenleger gelernt. Dä könnt dat doch machen. Ich hab ihm ja letztens noch mit nem Stoß Dachpappe ausgeholfen. Für sein Gartenhäusken, weiße. Jou, dä Guido, dat wäret. Und wie isset sonst so?«

»Wie sollet sein?«, sage ich. Schlagfertig, wie ich bin.

KEIN KLEINLICHER LOKALPATRIOTISMUS

Also, man kann über den Niederrheiner ja sagen, was man will, aber nichts ist ihm im Grunde so fremd wie kleinlicher Lokalpatriotismus. Während man aus anderen Gegenden unseres alten Vaterlandes immer wieder von unerträglichem Konkurrenzgehabe etwa zwischen Ostfriesen und Oldenburgern oder auch nur den Bürgern von Ulm und Neu-Ulm zu hören bekommt, sind die Menschen hierzulande doch eher darauf bedacht, in Friedlichkeit und gegenseitiger Wertschätzung mit den Bewohnern des nächsten Dorfes auszukommen.

Nehmen Sie doch nur mal, sagen wir: Rumeln-Kaldenhausen. Schmuckes Örtchen im Grünen. Meint man. Doch nun kommdet. Tja, wie soll ich das näher beschreiben? Also, die Rumelner und die Kaldenhausener, die lieben sich ja, unter uns gesagt, heiß und innig. Das ist ungefähr so wie die Untermeidericher und Obermeidericher. Neukirchener und Vluyner. Hund und Katz sind nix dagegen. So in etwa müssen Sie sich das vorstellen.

Jetzt also Rumeln-Kaldenhausen. Seit schlappen 85 Jahren in Innigkeit vereint. Wen treffe ich vor der Heißmangel auf dem Mühlenwinkelsweg? Frau van Eyckschen. Ja genau: altes Rumelner Geschlecht. Übrigens sehr schönes Haus. Hintendurch »An den Siffen«. Allerdings hätte mir allein dieser Straßenname Vorwarnung genug sein müssen.

»Ach«, sagte ich noch so, »schön, dass ich Sie treffe, Frau van Eyckschen. Was ich Sie ewig und drei Tage schon mal fragen wollte: Sie sind doch alte Rumelnerin, soweit ich das weiß. Oder täusch ich mich da?« »Nein, wie kommen Sie denn da drauf? Wir wohnen hier erst seit 1952.« »Bitte?« »Ja, im Grund haben wir hier mit der Gegend gar nichts zu tun«, erwiderte sie mit leicht beleidigtem Unterton. »Ach so«, sagte ich beschwichtigend, dann kommen Sie ursprünglich gar nicht aus Rumeln?« »Um Himmels willen! Wo denken Sie hin? Alles, nur das nicht«, brach es nun offenbar tief gekränkt aus ihr heraus.

Meine Güte, dachte ich noch so, in was für ein Fettnäpfchen bist du da wieder getreten? Wo mochte die gute Frau herstammen? Vielleicht aus Krefeld? Düsseldorf? Hamburg, München, Stuttgart, Berlin? Gar Paris, Mailand, San Remo, London, Moskau, Tokio, Chicago, New York?

»Tja, wir sind ja ursprünglich von Kaldenhausen.«

NIEDERRHEINISCHER ZEITVERTREIB

Übrigens fragt man sich ja manchmal, womit sich der ortsübliche Niederrheiner eigentlich den ganzen lieben langen Tag vertreibt. Enkel hüten? Sudoku? Online-Shopping auf QVC? Alles weit gefehlt.

Hier am Unterlauf unseres geliebten Altvaters weiß man die vielen diesigen Stunden bekanntlich völlig anders sinnvoll rumzubringen. Der allseits beliebte und verbreitete Zeitvertreib heißt schlicht: sich aufregen. »Da kann ich mich doch jedes Mal drübber aufregen.« Nur Ortsunkundige wittern hinter solch einer Äußerung Gram und Unwohlsein. Der eigentliche Niederrheiner stößt sie in Wahrheit mit einer solchen Sinneslust von sich wie andernorts die Sau das Grunzen.

»Da kann ich mich doch jedes Mal drübber aufregen.« Einmal auf den Geschmack wohligen Empörtseins gekommen, kann man diesseits und jenseits der Nieper Kuhlen in der Regel gar nicht genug von erquicklicher Entrüstung bekommen: »Ja, da wüsst ich aber wat von. Dat du se wohl noch alle has. Kann ich mich jedes Mal drübber aufregen.« Das ist Kurzweil pur. Aber hallo.

Gelegentlich sieht sich der Niederrheiner allerdings herben Missverständnissen ausgesetzt. Etwa wenn ihm auf all sein genussvolles Aufgebrachtsein entgegengehalten wird, er solle sich doch bittschön nicht so aufregen. Was für eine Fehldeutung! Der echte Niederrheiner regt sich grundsätzlich nur auf, wenn es ihm in den Kram passt: »Ich reg mich auf, solang mir dat Spass macht. Merk dir dat gefälligst.« Oder auch: »Ich will mich jetzt aber aufregen, Dorothee. Und du bist die Allerletzte, die mich davon abhält.«

Wer hier ein grundsätzliches Unwohlsein vermutet, irrt gewaltig. Der einsässige Niederrheiner befindet sich vielmehr im Zustand köstlichsten Amüsements. Da kann man es getrost anderen überlassen, sich das Leben mit dem üblichen Verzehr eines Fischbrötchens ein wenig erträglicher zu machen. Das hiesige Volksvergnügen heißt kurz und bündig: chronisch genervt sein.

Deshalb zeugt es auch immer wieder von peinlicher Ignoranz, wenn ständig gebetsmühlengleich behauptet wird, die Menschen zwischen Gaesdoncker Augustinianum und Gahlener Wassertretbecken wüssten ihre Zeit nicht auch halbwegs sinnerfüllt zuzubringen.

Hörnsema, wenn ich sowwat schon hör, da kann ich mich doch jedes Mal drübber aufregen.

DA KANNZE FÜR

Es wird ja stets darüber Klage geführt, dass die ganz großen Erfindungen der Menschheit eigentlich nie in unseren Breitengraden zur Welt gekommen sind. Johannes Gutenberg zum Beispiel war, wie man weiß, zeitlebens Mainzer. Herr Röntgen entstammte bekanntlich der Gegend um Remscheid. Und Artur Fischer, der Erfinder des segensreichen Spreizdübels, nannte nun einmal nicht Schwalmtal, sondern das schwäbische Waldachtal sein Zuhause. Knapp vorbei ist auch daneben.

Doch wie so oft im Leben, so ist auch hier die ganze Wahrheit eine völlig andere. Tatsache ist nämlich, dass etwa in Sachen Spracherfindung dem Niederrheiner so schnell keiner das Wasser reichen kann. Was Wunder, dass etwa Bayern oder auch Sachsen-Anhaltiner immer wieder neidvoll zu uns aufblicken, wenn sie an irgendeiner Käsetheke zwischen Marienthal und Materborn Kreationen wie »da wüsst ich aber wat von« oder »komm getz wacker bei der Mama bei« vernehmen. Warum sollte sich der Niederrheiner mit solch geistesmächtigen Satzerschaffungen auch verkriechen?

Das wurde mir letztens einmal wieder eindrücklich vor Augen geführt, als wir bei Tante Ruthild zum Kaffee waren. Nach ihrem etwas längeren Vortrag über die absonderlichen Geräusche in der Zentralheizung, sah ich mich zu der Empfehlung genötigt, hier doch einmal mit Herrn

Tenhagen, ihrem Vermieter, ein ernstes Wort zu wechseln. Schon kam es wie aus der Pistole geschossen: »Da kannze für.«

»Da kannze für.« Aus der Volksschule damals bei Fräulein Frielinghaus sind mir noch die berühmten Fürwörter in Erinnerung. »Er«, »sie«, »dieses« oder »jenes« und wie sie alle hießen. Fürwörter, so Fräulein Frielinghaus, hießen deshalb so, weil sie eben für etwas anderes stünden. So könne zum Beispiel ein einfaches »er« für »Hans« und ein schlichtes »sie« für »Ziege« stehen. Fräulein Frielinghaus war bekannt für ihre lebensnahen Beispiele. Dass es aber hier am Niederrhein neben den Fürwörtern auch ganze Fürsätze gibt, habe ich nun erst bei Tante Ruthild erfahren: »Da kannze für.« Für eine solch geniale Erfindung können sich doch andere ihre Röntgengeräte und Spreizdübel sonstwo hinstecken.

Aber für was steht eigentlich ein Fürsatz? Für einen unausgesprochenen Gedanken? Eine schräge Behauptung? Oder am Ende für alles und nix? Das könnte es sein.

Aber da kann ich jetzt auch nichts für.

DAT KIND VON DIE MAMA

So kann man sich irren. Hatten wir letztens noch an dieser Stelle das Hohelied des niederrheinischen Sprachreichtums und des ihm zugrundliegenden Erfindungsgeistes angestimmt, so ist uns nun doch ein übler Fehler unterlaufen. Doch ich schwöre: Es war gut gemeint gewesen. Aber »gut gemeint« ist – das wissen wir aus manch bitteren Arbeitszeugnissen – fast so etwas Ähnliches wie »hat sich stets bemüht«. Ein »unverzeihlicher Vorgang«, um mit der ehemaligen Kanzlerin zu sprechen.

Aber worum ging es überhaupt? Als schlagenden Beleg für die hiesige Wortkreativität erinnerten wir uns des bekannten Satzes »komm getz wacker bei der Mama bei«. Eine Äußerung, so unsere Wahrnehmung, wie sie einem täglich irgendwo zwischen Lackhausen und Lank-Latum über den Weg laufen kann. Selbstverständlich galt es nun, dieses einer interessierten Öffentlichkeit weiterzugeben. Gemäß einer uralten Journalistenregel, wonach Zeitungsmache bekanntlich nichts anderes ist als »sagen, was ist«. So weit, so gut.

Doch kaum war jene vermeintlich so sorgfältig recherchierte Beobachtung auf den vielen samstäglichen Frühstückstischen gelandet, stand das Telefon der Niederrheinredaktion nicht mehr still. Ganze Waschkörbe mit empörten Protesten folgten auf dem Fuße. Shitstorm ist nichts dagegen.

Was war passiert? Ein, wir geben es zu, übler Faux-pas, der nach einer Gegendarstellung, wie es das Presse-gesetz nun einmal verlangt, geradezu schreit.

Wenn schon nicht die journalistische Sorgfaltspflicht – so der Kern der Kritik – dann hätten es einem doch we-nigstens die Grundkenntnisse niederrheinischer Gram-matik gebieten müssen, dass es nicht »bei der Mama«, sondern »bei die Mama« heißen müsse. Jedes kleine Kind könne einem doch bereits erklären, dass das Wort »Mama« weiblich und also mit einem konsequenten »die« zu ver-sehen sei. Au wei! Hatten wir zu seligen Volksschulzeiten bei Fräulein Frielinghaus wieder einmal nicht aufgepasst?

»Mama« mit einem unschönen »der« zu vermännli-chen, das geht natürlich gar nicht. Ein Leser wies dan-kenswerterweise noch darauf hin, dass »Mama« eigent-lich ein von Hause aus geselliges Wort sei, also ohne »Kind« gar nicht denkbar. Kurz: ohne »Kind« keine »Mama«. Beispiel: »Von wen ist dat Kind?« »Dat is dat Kind von die Mama.«

Gut, dass wir drüber gesprochen haben.

SO BLÖD KANN NUR ICH SEIN

Da frage ich Sie gleich mal direkt: Wie kommt man eigentlich zu der hanebüchenen Behauptung, seinerzeit sei der Niederrheiner im Grunde doch nur oberflächlich missioniert worden? Ich bitte Sie: Wo anders sind denn fromme Werte wie etwa die der Demut und der Selbstverleugnung bis heute in so großer Treue bewahrt wie hier?

Während man sich ja üblicherweise – sagen wir mal: beim Verschütten einer Tasse Hühnerbrühe – nicht genug in gegenseitiger Schuldzuweisung ergehen kann, richtet der Niederrheiner in solch einem Fall den Finger bekanntlich doch eher auf sich selbst: »Ich bin ja auch sowas von dämlich, weiße.« Auch wenn es jeder normale Mitbürger etwa bei nicht fristgerechter Abgabe des Lottoscheins allenfalls mit einem »ich Armleuchter« sein Bewenden haben lässt, so muss der Niederrheiner in seiner überentwickelten Neigung zur Selbsterniedrigung natürlich noch einen draufsetzen: »So blöd kann natürlich nur ich sein. Dat war doch schon absehbar.«

Dogmatisch korrekt rechnet also der Mensch zwischen Hünxe und Hülchrath stets von vornherein mit der eigenen, sozusagen naturgegebenen Unzulänglichkeit, gewissermaßen einer Art genetisch bedingten moralischen Fehlerquote: »Ich mal wieder.« Hier hat man es verstanden, die hohe und Laien oft nur schwer zugängliche Lehre von der Erbsünde ins Alltägliche und von jedermann Nachvollziehbare zu übersetzen: »Ich natürlich. Wer sonst?« Angesichts solcher theologischen Prägnanz hätte der heilige Kirchenvater Augustin seinen Lehrstuhl gewiss liebend gern von Karthago nach Kamperbrück verlegt.

Auch hat sich in unseren Breiten die gute alte mönchische Kultur der Selbstkasteiung in beeindruckender Weise erhalten. Aber die Übungen der Buße werden hier doch konsequenter angewandt. Meinte noch der junge Klosterbruder Martin Luther, sich mit ein paar Fastenaktionen und Rutenschlägen aus der Affäre ziehen zu können, so greift der gläubige Niederrheiner gewöhnlich zu ganz anderen Mitteln der Selbstzüchtigung: »Ich würd' mich am liebsten in den Hintern beißen.« Nicht selten auf dem Fuße gefolgt von der Keule verbaler Eigenvernichtung: »Ich könnt' mich so wegschmeißen.«

Was meinen Sie? Ich hätte da irgendwas nicht ganz kapiert? Tja, das ist natürlich wieder typisch. So blöd kann nämlich nur ich sein.

Kalkutta liegt am Ganges, Paris liegt an der Seine …« Die ewig Junggebliebenen unter uns werden sich dieses eindrucksvollen Schlagers des unvergessenen Vico Torriani erinnern. Lange fragte man sich ja, woher der überwältigende Erfolg dieses Liedes rührte. Es lag wohl daran, dass es hier gelungen war, das Wesentliche eines Ortes mit wenigen Worten auf den Punkt zu bringen. Kalkutta liegt eben am Ganges und Paris an der Seine. Was gäbe es schon sonst noch über Kalkutta oder Paris zu sagen?

Nicht anders bei uns am Niederrhein. Man braucht nur den einen oder anderen Ortsnamen in den Mund zu nehmen, schon kommt es wie aus der Pistole geschossen. »Wesel? Ja, ja, die Stadt mit dem berühmten Bürgermeister.« »Sonsbeck? Da ist doch dieses tolle Traktorenmuseum.« Offenbar ist damit alles Wissenswerte über Wesel und Sonsbeck zur Sprache gebracht.

Ähnlich kann es einem ergehen, wenn etwa in einer feucht-fröhlichen Runde aus irgendeinem Grunde plötzlich, sagen wir mal, der Name »Kerken« fällt. »Kerken zieht sich«, echot es da alsbald aus vielen kundigen Köpfen. Was kümmert's, dass Kerken zudem über eine ehrwürdige St.-Dionysius-Kirche, ein durchaus kulturbeflissenes »Haus Lawaczeck« und sogar eine eigene Tauchschule verfügt? »Kerken zieht sich.« Lässt sich Bedeutenderes über Kerken sagen? Schwerlich.

Interessant in dem Zusammenhang übrigens auch, dass sich nicht nur Kerken zieht. Wer erinnerte sich nicht zum Beispiel noch an die ansonsten sicher sehr schöne Weihnachtsfeier letztes Jahr im Kolpinghaus? Bei aller Liebe, aber sie zog sich, ehrlich gesagt, doch auch ziemlich. Um ein Haar hätten wir beinahe noch »Inas Nacht« verpasst. Auch der Roman über diese schwierige Partnerbeziehung, den mir Heidrun mit in den Urlaub gegeben hatte, zog sich zum Schluss hin doch arg. Und wenn Pastor Van den Bömmel auf der Kanzel mal so richtig in Fahrt kommt, kann sich auch seine Predigt, unter uns gesagt, schon mal etwas ziehen. Aber was soll's? Wichtig ist am Ende ja nur, dass das Entscheidende nicht zu kurz kommt.

Wie Sie bemerkt haben werden, kann sich auch so eine Kolumne, wenn man Pech hat, ein wenig ziehen. Aber egal. Hauptsache, das Wesentliche ist mit knappen Worten auf den Punkt gebracht.

»WIE AM NIEDERRHEIN« –
DER ULTIMATIVE RITTERSCHLAG

Man wundert sich ja immer wieder über das abgewogene und punktgenaue niederrheinische Urteilsvermögen, das auch dem grundsätzlich Anderen und Ungewohnten eine faire und angemessene Würdigung zukommen lässt.

Das macht sich vor allem dann bemerkbar, wenn es den Niederrheiner, was selten genug vorkommt, einmal in die weite Ferne verschlägt, sagen wir einmal: ins Budjadinger Land oder auf eine etwas höher gelegene Ebene der Schwäbischen Alb. Da kann es durchaus vorkommen, dass ihm etwa beim Anblick einer sich in die Länge ziehenden Pappelreihe ein spontanes »wie am Niederrhein« entfährt. Wie soll man auch, wenn man zwischen Issel und Issumer Fleuth groß geworden ist, damit klarkommen, dass auch anderenorts die Bäume gelegentlich grün sind und die übrige Welt außerhalb des Niederrheins nicht nur aus Bergen besteht.

Auch erinnere ich mich bei der Gelegenheit gerne an den Siebzigsten von Tante Ruthild, der wir aus diesem Anlass per Gutschein ein paar sonnige Tage auf einer berühmten spanischen Ferieninsel zugedacht hatten. Das Unglück – oder wie sich alsbald herausstellte: eher das Glück – wollte es, dass der Himmel über dem Flughafen von Palma ausgerechnet am Tag ihrer Ankunft einen etwas zugezogenen Eindruck machte. »Wie am Niederrhein«, jubelte sie spontan. Es klang fast nach Erleichterung.

»Wie am Niederrhein« – für alle, die das Pech haben, nun einmal jenseits von Dingdener und Holthuyser Heide leben zu müssen, ist solch ein gutachterliches Urteil natürlich der ultimative Ritterschlag. Denn kann es für einen friesischen Landwirt oder gar für das mallorquinische Bodenpersonal ein hehreres Lob geben, als dass es bei ihnen eben fast »wie am Niederrhein« aussieht?

Wohlgemerkt: »fast«. Nie käme der einsässige Niederrheiner auf die abwegige Idee, irgendeine Weltgegend – heiße sie auch ligurische Küste oder Golf von Kalifornien – auf dieselbe Qualitätsstufe wie den geliebten Niederrhein zu stellen. »Fast« – das markiert hier eine letzte, wohltuende Grenze zwischen globalem Mittelmaß und heimatlichem Gütesiegel.

Bitte? Man solle bei aller Liebe zu Kopfweide und diesigem Gewölk auch mal die Kirche im Dorf lassen? Man komme sich bei solchen Haarspaltereien ja fast vor wie am Niederrhein?

Eben.

Wie viel ist in letzter Zeit nicht von »Heimat« geredet worden. Mussten wir uns damals in der Volksschule noch mit einem alljährlichen Besuch im örtlichen Heimatmuseum abfinden, so »heimatet« es inzwischen an allen Ecken und Enden – bekanntlich bis hinauf in die Bundesregierung. Dabei wissen besonders Kundige meist rasch darauf hinzuweisen, dass eigentlich nur das Deutsche den Begriff »Heimat« kenne. Schon der Engländer behelfe sich mit eher unzutreffenden Ersatzvokabeln wie »home« oder – das gehe ja nun schon gar nicht – »native place«.

Bei solch einem Heimat-Boom will der Niederrheiner natürlich nicht hintanstehen. Kaum eine schrullige Dorfeiche, um die herum sich nicht schon seit Generationen irgendein Heimat- und Bürgerverein zur monatlichen Andacht versammelte. Kaum ein Volksbankfoyer zwischen Krudenburg und Kranenburg, das uns nicht irgendwann schon einmal mit heimeligen Fotos von Altrhein und Lippewiesen bereichert hätte. Kaum eine regionale Tageszeitung ohne heimatliche Sonderseiten und Extrabeilagen.

Das ist beileibe aller Ehren wert. Wer hat sich nicht schon alles mit der Heimat herumgeschlagen? Joseph von Eichendorff, Else Lasker-Schüler oder – nicht zu vergessen – Lolita, um nur einige je auf ihre Weise Bedeutende zu nennen. »Wo ich die Liebste fand, da ist mein Heimatland«, wusste bereits Freddy Quinn zur Gitarre zu singen. Und die große Dichterin Rose Ausländer verstieg sich sogar zu der Behauptung, ihre Heimat läge »im Wort«. Doch hatte sie so Unrecht?

Mich zum Beispiel könnte man mit verbundenen Augen sonst wo absetzen, sagen wir einmal: an irgendeinem x-beliebigen Verkaufsstand mit Backwaren. »Heut hätt ich mal echt Nerv auf'n lecker Teilchen.« Wer solch vertraute Laute neben sich vernimmt, braucht weder ein zu Herzen gehendes Heimatblatt, noch eine Aquarell-Galerie mit grasenden Schafen am Deich. Weder »Heimat, deine Sterne«, noch irgendeinen Schmachtfetzen von der unersättlichen »Sehnsucht nach Zuhaus«. Er hat unversehens gefunden, wozu andere meinen, ganze Balladen oder tränendrückende Melodramen aufbieten zu müssen.

»Heut hätt ich mal echt Nerv auf'n lecker Teilchen.« Was Heimat ist, das ist – zumindest bei uns am Niederrhein – wahrhaftig nirgends sonst als eben im Wort zu finden. An der Bushaltestelle, im Wartezimmer beim Orthopäden, am Rande eines grauen Spielplatzes.

Das ist Heimat, wie ich sie liebe.

Nichts hasst ja der Niederrheiner so sehr wie harte Kanten und scharfe Widersprüche. Alles, was auch nur von Weitem als unversöhnlicher Gegensatz empfunden werden könnte, ist ihm im Grunde ein Gräuel. Sich ausschließende Alternativen? Teufelszeug, um mit Willy Brandt selig zu reden. Gegenläufige Meinungen? Aua. Klärendes Donnerwetter? Verschon mich. Mal richtig die Tassen fliegen lassen? Das schöne Geschirr. Übrigens noch von Tante Jettchen. »Eure Rede aber sei: Ja, ja; nein, nein.« An dieser Stelle haben alle Jungen und Mädchen zwischen Diersfordt und Dülken im Religionsunterricht offenbar gefehlt.

Gibt es Gründe für diese Faszination des Nicht-Festgelegten? Vermutlich liegt alles nur an dem allgegenwärtigen Dämmernebel, der unablässig über Weiden und Gemütsverfassungen dahinschliert. Bekanntlich soll es da ja einen geheimen Zusammenhang zwischen Landschaft und Wesen eines Volkes geben. So reicht am Niederrhein meist schon ein Aufblick am diesigen Horizont, um Art und Naturell der hier Verwurzelten rasch zu erfassen. Klare Konturen? Deutliche Fronten? Extrempositionen? »Mein Gott, man kannet au übertrei'm.« Alles, was einem eine schmerzhafte Entscheidung abverlangen könnte, wird über kurz oder lang auf die überschaubare Proportion einer Tasse Nudelsuppe verträglich geredet. »Aber mein ich getz nich so.« Eine verbale schleifende Handbremse, wenn man so will.

Rein philosophisch betrachtet erinnert uns das natürlich sofort an das sogenannte »rechte mittlere Maß« eines Aristoteles, also an die argumentative Balance und die Fähigkeit zur kommunikativen Deeskalation. So schmeckt etwa der preisgünstige Mosel bei Netto meist weder gut noch schlecht, sondern »lässt sich doch trinken«. Oder der Blutdruck. In der Regel ist er ein wenig zu hoch oder ein wenig zu niedrig. »Aber dat is nommaal, sarrichma.« Gerne wird auch der weitsichtige Rat einer kundigen Bekleidungsfachverkäuferin in Anspruch genommen: »Mit Beige können Sie eigentlich nie was falsch machen.« Wenn sich der Niederrheiner überhaupt jemals markant zur Lage äußert, dann hat das allenfalls die ätzende Kraft eines Duschgels auf biologischer Basis.

Grieseliger Dunst, ausgefranste Pfützen, Mischobst Handelsklasse B. Das scheint der Stoff, aus dem das hiesige Gemüt seinen genetischen Code bezieht. Aber mein ich getz nich so.

ALLES KLAR? ALLES KLAR.

N a, wie isset?« »Wie sollet schon sein?« »Und sonst?« »Muss.« »Und selbst?« »Auch.« Man kann dem Niederrheiner sicherlich manches vorwerfen. Aber einen Hang zu übertriebenen Begrüßungsritualen wird man ihm gewiss nicht so leicht nachsagen können.

Mit Grausen denke ich zum Beispiel noch an unseren letzten Kinobesuch im Essener CinemaxX zurück. Wie das Schicksal es so wollte, kam unmittelbar hinter uns in der Reihe der Wartenden eine gewisse – wie sich bald herausstellte – Sabine zu stehen. »Sa-biiii-ne«, scholl es nämlich schon bald durch die Weite der Eingangshalle. Das war – wie ebenfalls sehr bald der staunenden Umgebung zu Bewusstsein gebracht wurde – keine Geringere als Katrin. Wer hätte es gedacht?

Nein, was war das für ein überschwängliches Gedrücke und Geküsse. Was für ein herzliches Sich-in-die-Arme-Fallen und gegenseitiges Bestaunen von Ohrhänger, neuer Handtasche und Lidschattentönung. Es wollte kein Ende nehmen. Im Grunde auch irgendwie nachvollziehbar, denn beide hatten sich offenbar eine halbe Woche lang nicht gesehen. Eine brutale Ewigkeit also. Zumal für Menschen, die sich noch etwas zu sagen haben. Erfüllt mit mancherlei interessanten Informationen aus Nailing-Studios und Pilates-Kursen hätten wir uns den anschließenden Film eigentlich sparen können.

Wie anders doch der Niederrheiner, dem bekanntlich alles Nichtige und Überflüssige fremd ist. So wie neulich im Schalterraum unserer Sparkasse. Auch das ja gerne ein Ort intensiver Begegnungen. Diesmal waren es Herr Hemstege und Thorsten. Beide hatten sich offenbar völlig aus den Augen verloren, seit der junge Mann seinerzeit noch in der Nachbarschaft mit dem Laufrad unterwegs gewesen war. »Na, Thorsten, alles gut?« »Alles gut.« »Und selbst?« »Alles gut.« Welch wohltuende Entschlackung alles Entbehrlichen. Dankbar gedenken wir in dem Zusammenhang deshalb des niederrheinischen Dichters Hans-Joachim Barkenings, der die hiesige Begrüßungssparsamkeit in seinem berühmten Gedicht »Heile Welt« so auf den Punkt zu bringen verstand: »Alles klar?« »Ja – alles klar!«

Lass andere doch ihre zwanghaften Mitteilungsbedürfnisse ausleben, wie sie möchten. Zwischen Bruckhauser Mühlenbach und Fossa Eugenia weiß man sich in bekannt niederrheinisch entspannter Weise gottlob auf das Nötigste zu beschränken.

Alles klar? Alles klar.

»FROLLEINCHEN« –
DIE RADIKALE VERJÜNGUNGSKUR

Es wird Zeit, dass wir uns an dieser Stelle einmal einen uralten Menschheitstraum vorknöpfen. Es geht um das berühmte Verlangen nach ewiger Jugend. Tja, wer wollte das denn nicht: noch mit Ende Sechzig so knackig draufsein wie mit Siebzehn? Ein Alter, mit dem – folgen wir den Erkenntnissen des legendären Volkssängers Ivo Robic – »das Leben doch erst anfängt«.

Ja, was hat die Menschheit im Laufe der Zeit nicht alles unternommen, um jener tiefen Sehnsucht Stillung zu verschaffen? Versuchte man es etwa im Mittelalter mit Jungbrunnen und Zauberformeln, so später eher mit Folsäure oder Kneippschem Wassertreten. Inzwischen wird man in jeder Dorfdrogerie mit Anti-Aging-Cremes, wirksamen Vitamin-D-Produkten und Hyaluron-Emulsionen nur so zugeballert.

Man fragt sich: Wofür eigentlich das Ganze? Wer unbedingt ewig jung bleiben will, braucht doch nur einmal über irgendeinen niederrheinischen Wochenmarkt zu schlendern, sagen wir mal: in Rumeln. Von mir aus auch in Linn oder Loikum. Kaum hat man in aller Arglosigkeit das Sonderangebot Elstar-Äpfel näher in Augenschein genommen, schallt es einem auch schon verjüngend entgegen: »Junger Mann, was darf's sein?« Für die bereits etwas in die Jahre gekommene Seele ist das Jungbrunnen pur.

Deshalb ist auch kaum nachvollziehbar, weshalb man sich noch vor Jahren so über das berühmte »Fräulein« aufgeregt hat. Hatte hier nicht jener alte Traum von der ewigen Jugend bereits die Sprache erobert? Und diese prägt – so sagt es heutige Wissenschaft – eben auch die Verhältnisse. Fräulein Frielinghausens schwunghafte Pädagogik damals in der Volksschule hatte sie womöglich auch dieser jungmachenden Anrede zu verdanken.

Jetzt wird mir auch klar, weshalb seinerzeit Tante Ruthild bei meiner Cousine Marita schon mal mit einem »Frolleinchen« rüberkam. Das klang bedrohlich, war aber in Wahrheit nichts anderes als der gelegentliche niederrheinische Hang zur Radikalität. »Frolleinchen« – das ist ja genau genommen die Verjüngung der Verjüngung. Schade, dass unsere alten Hausmannsrezepte so in Vergessenheit geraten sind. Stattdessen werfen wir weiterhin ignorant, wie wir nun einmal sind, Derma-Roller, Faltenkiller und Revitalizing-Tinkturen in den Einkaufswagen.

Da geh ich doch lieber auf den Rumelner Wochenmarkt.

Dieser Tage traf ich nach längerer Zeit mal wieder meinen alten Kumpel Friedhelm Fünderich. »Fitti« haben wir ja immer für ihn gesagt. Damals in der zweiten Mannschaft bei Blau-Weiß Achterdonk. Der Fitti, der konnte ja Ecken schießen, da reden sie heute noch von. Können Sie alle nach fragen.

Aber wie das Leben so spielt. Ich in der Warteschlange vor der Waschanlage an der Homberger Straße. Kennen Sie sicher. Wer steht plötzlich vor mir? Fitti Fünderich. FFP2-Maske auf der Nase und Hochdruckreiniger in der Hand. Ich empathisch, wie man in Zeiten von Corona so drauf ist, sofort: »Hallo, Fitti, alte Pfanne. Wie gehdet denn?« »Tja, wie sollet schon gehen«, meinte der Fitti. »Wie et allen so geht.«

> Wie et allen so geht.

»Wie et allen so geht.« Das hat mich doch ein wenig nachdenklich zurückgelassen. Man klagt ja immer wieder über den fragwürdigen Individualismus des modernen Menschen. Jeder lebe nur noch für sich, verfolge ausschließlich eigene Interessen, lasse zusehends Gemeinschaftssinn und Solidarität vermissen. Schon Hermann Hesse wusste bereits vor Jahren zu dichten, dass es – wahrscheinlich befand er sich gerade auf einer der vielen feuchten Wiesen irgendwo zwischen Bucholtwelmen und Baerler Busch – doch ziemlich »seltsam« sei, »im Nebel zu wandern«. Warum? Nun – so Hesses These – »kein Mensch kennt den andern. Jeder ist allein.«

Wie wenig indes der berühmte Dichterfürst das Wesen des niederrheinischen Menschen wirklich erfasst hat, wurde mir schlags durch Fittis Antwort auf meine Frage nach seinem Ergehen deutlich: »Wie et allen so geht.« Weit davon entfernt, sich dem problematischen neuzeitlichen Einzelgängertum einfach kritiklos hinzugeben, bewies Fitti mit seiner nachdenkenswerten Äußerung vielmehr eine hohe, geradezu theologisch grundierte Sozialkompetenz. Ist nicht bereits in der Bibel zu lesen, dass es nicht gut sei, dass der Mensch allein sei?

Wie man sich denken kann, hatte sich unser gegenseitiges Mitteilungsbedürfnis nach so vielen Jahren denn auch bald erschöpft. Was soll man den anderen auch mit all den vielen persönlichen Unwichtigkeiten – gesundheitliche, berufliche oder eheliche Betriebsunfälle – behelligen?

Am Niederrhein ist der individuellen Informationspflicht offenbar Genüge getan, wenn es einem so geht, »wie et allen so geht«.

WOODSTOCK – WAR DA MAL WAS?

Ich weiß nicht, ob Sie das mitgekriegt haben. Aber letztens ging es wieder einmal um irgendein 50-Jähriges. Nein, nicht die Schulentlassung an der Holzwegschule in der Weseler Feldmark. Auch nicht Tante Elfgards und Onkel Meinolfs Goldhochzeitsfeier in Oermterberg. Ich meine vielmehr das große Halbjahrhundertgedenken an – die Älteren von uns werden sich wehmütig erinnern – die Rocksause seinerzeit in Woodstock: Joe Cocker, Joan Baez, Santana … Manchmal lege ich noch die alte Platte auf, sofern man durch das Gekratze hindurch Jimi Hendrix' amerikanische Nationalhymne heraushören kann.

Warum ich das alles erzähle? Nun, wer am Niederrhein zu Hause ist, kann doch, seien wir mal ehrlich, über Woodstock nur müde lächeln. Dauerregen, Verkehrsstau, Klo-Knappheit? Kennen wir uns seit Urzeiten bestens mit aus. Auch dass damals auf den Schlammwiesen eines eher prüden Amerika nicht nur ein pralles Baby das Licht der Welt erblickte, sondern bei der Gelegenheit wohl auch das eine oder andere neue Menschenleben überhaupt auf den Weg gebracht wurde, macht auf den, der irgendwo zwischen Isselburg und Ingenraedt groß geworden ist, sicher keinen übermäßigen Eindruck.

Wären sie noch alle am Leben, so würden Janis Joplin, Ravi Shankar oder Crosby, Stills, Nash & Young angesichts der vielen illustren Namen rund um das berühmte »Haldern Pop Festival« oder das »Heaven & Hill Open Air« auf Halde Norddeutschland nahe der Dong vermutlich vor Neid erblassen: »Gestört aber geil«, »Miss Stueck« oder »Ostblockschlampen«, um nur einige wenige wirklich Große zu nennen.

Wen wundert es da noch, dass in Woodstock selbst die geplante Jubelfeier am Ende kräftig in den amerikanischen Morast gesetzt wurde? Miley Cyrus, Jay-Z, irgendein übriggebliebener Rest von Creedence Clearwater Revival – alle haben sie abgewunken. Schaut an den Niederrhein, so haben sie wie aus einem rockgeschwängerten Munde von Übersee herübergerufen, da geht wenigstens noch was. Scharenweise Berühmtheiten aus Götterswickerhamm, Gladbeck-Ellinghorst oder Gelsenkirchen-Bulmke-Hüllen im Anmarsch. Selbst eine leibhaftige Almdudlertruppe aus dem oberbayerischen Landsberg am Lech soll sich ja angekündigt haben.

Mit gesundem niederrheinischen Selbstwertgefühl kann man da doch nur sagen: Woodstock – war da mal was?

SIE SIND WIE MEINE TOCHTER

Man sagt dem Niederrheiner ja ein besonders inniges Verhältnis zu seiner näheren und ferneren Verwandtschaft nach. Keine Kommunion, keine Silberhochzeit, keine Beerdigungsnachfeier, auf der nicht ausführlichst auch die verschlungensten Pfade familiärer Beziehungen aufgedröselt würden. »Der Onkel Werner aus Winnekendonk, der ja schon lange nicht mehr ist, dat muss 'n angeheirateter Neffe von der alten Großtante Henriette gewesen sein. Anders geht dat doch gar nich. Jettchen haben wir ja immer für sie gesagt. Tante Jettchen, genau genommen. Übrigens 'ne geborene Kleinbongards.«

Stunden später sind meist alle Klarheiten beseitigt. Aber es zeigt immerhin das sehr auf Gemeinsinn ausgerichtete Gestimmtsein der hier Wohnenden und bestätigt im Übrigen die alte philosophische Lehre vom Menschen als einem grundsätzlich »sozialen Wesen«. So wird zwischen Elfrather See und Emmelsumer Schleuse strohene Theorie eindrucksvoll konkret.

Doch diese vermeintliche Idylle wurde letztens jäh und empfindlich gestört: »Sie sind genau wie meine Tochter.« Scharf und unerbittlich wie ein Solinger Windmühlenmesser stand dieses vernichtende Urteil plötzlich im Raum. Ich befand mich gerade in der Heißmangel schräg gegenüber. Die Geschäftsführerin hatte eine Kundin freundlicherweise auf ein paar optische

Unregelmäßigkeiten auf ihrem wollenen Wintermantel hingewiesen, die wohl eine eingehendere Bearbeitung vonseiten der Reinigungsfirma erforderlich machen würden. »Sie sind genau wie meine Tochter«, scholl es ihr durch die angespannte Luft entgegen. Es klang nach einer Bewertung, die übler nicht hätte ausfallen können.

Mein Gott, dachte ich noch so. Was mochte diese Tochter für ein schreckliches Geschöpf sein, dass allein ihre Nennung einen so furchtsam zusammenzucken ließ? Was musste sie in ihrem zwanghaften Ordnungswahn alles ihrer Mutter angetan haben? Jedes schiefe Bild geraderücken, jeden Krümel mit dem feuchten Zeigefinger aufstippen, jede Blusenfluse zum hinterhältigen Feind erklären. Grausam. Im Geiste ging ich bereits alle mir bekannten Lebensberatungsstellen, Selbsthilfegruppen und Therapieangebote meiner Umgebung durch, um auch dieses niederrheinische Verwandtschaftsgefüge wieder einigermaßen ins Lot zu bringen.

Aber wahrscheinlich sagen Sie jetzt wieder, ich sei genau so wie Ihre Tochter. Grausam.

Verschiedentlich sahen wir uns schon genötigt, auf das niederrheinische Wesen des Nicht-Festgelegten hinzuweisen. Oder, um es nun doch einmal positiv auszudrücken: Zwischen Weeze und Wertherbruch, Binsheim und Bissingheim regiert die unverfälschte Liebe zum schmerzfreien Kompromiss.

Belege für diese These gibt es ja zuhauf. Wie anders lassen sich zum Beispiel so schmucke Ortsnamen wie »Haffen-Mehr«, »Langst-Kierst« oder auch nur »Wallach-Ossenberg-Borth« erklären? Auch hätte man natürlich den bekannten Konflikt zwischen Neukirchenern und Vluynern, die sich, wie man weiß, seit Jahrhunderten in herzlicher gegenseitiger Abneigung verbunden fühlen, irgendwann einmal mit einem mannhaften Entweder-oder entscheiden können. Etwa nach dem Motto: Der Klügere gibt nach, oder: Der Stärkere hat Recht. Mangels Festlegungsfreudigkeit kam es jedoch – niederrheinisch korrekt – zu einem wohligen Sowohl-als-auch. Gut, dass uns die deutsche Sprache für solch kniffelige Fälle den milden Bindestrich zur Verfügung stellt. Nun also seit 1928 über den ehemals Verzankten: »Neukirchen-Vluyn«. Genial.

»Heinz-Günter, ich kann mich einfach nicht entscheiden.« Wem wären solche Laute aus der Umkleidekabine irgendeines Bekleidungsfachgeschäftes in der Moerser Fußgängerzone nicht vertraut? Doch warum sollte man sich die Pein einer Wahl überhaupt antun? Die wenig wehtuende Lösung ist doch schließlich ganz einfach: Am Ende landen beide Blusen in der Tragetasche.

Mittlerweile greift diese niederrheinische Kunstfertigkeit, schmerzhaften Alternativen geschickt aus dem Wege zu gehen, mehr und mehr um sich. Was folgt eigentlich – um nur ein einfaches Beispiel zu nennen – auf einen schlichten Komparativ: »als« oder »wie«? »Den müssen Sie aber länger als wie drei Stunden im Ofen lassen«, vernahm ich kürzlich an irgendeiner Fleischtheke nahe der Bönninghardt. »Als wie«. So entspannend kann es sein, es beiden Seiten recht zu machen.

Oder neulich Onkel Horst, der sich wieder einmal nicht zwischen einem »es geht um« und einem »es dreht sich darum« entscheiden konnte. »Es geht sich nämlich darum«, hob er bei der Erläuterung seines neuen Rasenmähers zu einem längeren nachdenkenswerten Vortrag an. »Es geht sich darum.« Wie wohltuend das nach all den quälenden Grammatikstunden unserer Jugend.

Es geht sich nämlich darum...

Also: schmerzfreier Kompromiss statt stechendem Entscheidungszwang. Darum geht es sich. Am Niederrhein.

DA SAREN SE WAT

Bekanntlich legt der Niederrheiner ja großen Wert auf das gesprochene Wort. Nicht dass das geschriebene ihm überhaupt nichts bedeutete. Im Gegenteil. Kaum ein Küchentisch zwischen Hüthum und Hülsdonk, auf dem nicht irgendein lokales Anzeigenblättchen mit einer ausgiebigen Lektüre rechnen dürfte. Von dem einen oder anderen Arztroman ganz zu schweigen.

Aber das alles ist doch im Grunde nicht zu vergleichen mit der hohen Wertschätzung, die hier nun einmal dem gesprochenen Wort entgegengebracht wird. Vor allem dem eigenen. In der Regel genügt bereits ein bloßes Stichwort – etwa »Bandscheibe« oder »Borkum« –, um einen ganzen Redeschwall loszutreten. Man täte dem Niederrheiner allerdings bitteres Unrecht, wollten wir ihm unterstellen, dass er grundsätzlich nur von seinen eigenen Gesprächsbeiträgen eine hohe Meinung habe. Nein, nein. Er weiß durchaus zu schätzen, wenn gelegentlich auch einmal ein anderer das Wort ergreift: »Da saren Se wat.«

»Da saren Se wat.« Immer, wenn einem solch eine Anerkennung widerfährt, fühlt man sich im Tiefsten verstanden. So wie neulich, als mir auf der Rheinberger Straße zufällig Frau Kleinherbers über den Weg lief. Kaum hatte ich mein Kurzreferat über den allgemeinen Zustand dieser Welt mit einem »ich glaube, es liegt auch manchmal viel am Wetter« beendet, schoss es mir

– meine Ausführungen offenbar wertschätzend – entgegen: »Da saren Se wat.« Jedes Kind weiß, dass man mit einem von Herzen kommenden Lob besser durch den Tag kommt.

Und ich denke mir: Was wäre einem seinerzeit nicht alles an Minderwertigkeitskomplexen erspart geblieben, hätte sich beispielsweise Dr. Pinkelkötter wenigstens ab und an einmal zu einer solchen Hochachtung schulischer Leistungen durchringen können. »Gisbert, Sie können uns doch sicher mitteilen, wann die Schlacht bei Austerlitz war.« »2. Dezember 1805, Herr Studienrat.« »Da saren Se wat, Gisbert.« Das wär's doch gewesen. Stattdessen ein anonymer Vermerk im grünen Lehrerkalender. Kein Wunder, wenn man irgendwann einfach keine Lust mehr hatte. Pinkelkötter stammte übrigens aus dem Westfälischen.

Was meinen Sie? Das wär doch alles ein ziemlicher Kappes, den ich mir da mal wieder zusammenerzählen würde? Tja, da saren Se wat.

»NÄNE« UND ANDERE SPRACHGETÜME

Viel ist ja in den letzten Jahren über den Niedergang der deutschen Sprache zu lesen gewesen. Immer wieder wird zum Beispiel der Verlust so wertvoller Wortjuwelen wie »Schlüpfer«, »Kaltmamsell« oder auch »Nietenhose« beklagt. Seither sind wir von »Saltletts Sticks«, »Service-Points« oder »Eight2Nine Jeans« nur so umzingelt. Kein Wunder, dass sich inzwischen ganze Lehrstühle und »Lexika der bedrohten Wörter« um dieses Problem kümmern.

Bevor nun allerdings diese Art des Artensterbens auch unserem geliebten niederrheinischen Wortschatz widerfährt, möchten wir doch das Unsere zu seinem Erhalt beitragen. So wollen wir uns unerschrocken den Worten zuwenden, die man wohl an jedem Gemüsestand zwischen Ringenberg und Repelen vernehmen kann, deren wahre Bedeutung aber dennoch immer wieder vielen Zeitgenossen merkwürdig verschlossen bleibt. Welche Besucherin – sagen wir mal: aus Haselünne oder Hoyerswerda – sollte denn auf Anhieb Sätze wie »dat is dä Melanie ihr Ullich« verstehen? Abhilfe tut also not.

Dabei bedienen wir uns der bahnbrechenden Erkenntnisse des großen Philosophen Ludwig Wittgenstein, der die interessante These vertrat, dass sich die Bedeutung eines Wortes ganz einfach aus dem Zusammenhang ergibt, in dem es benutzt wird. Hä?

Nun, die Sache ist nicht so schwer, wie sie auf den ersten Blick erscheint. Nehmen wir nur mal das Wort »Bütterken«. Wer wüsste mit diesem rätselhaften Sprachgetüm schon etwas anzufangen, wenn er nicht immer wieder an irgendeinem Sandkasten ein erhellendes »Pascal, komm dich getz noch wacker 'n lecker Bütterken essen« vernähme? Das Niederrheinische jedenfalls ist voll von solchen nur auf den ersten Blick rätselhaften Wörtern, deren Sinn sich bei näherem Betrachten ihres Gebrauchszusammenhangs jedoch durchaus plausibel erschließen lässt.

Oder auch das berühmte »näne«. Während Fremde hier meist entweder ein soziokulturelles Gemeingut – ähnlich der historischen »Allmende« – oder einfach nur einen neumodischen Mädchennamen – etwa aus dem Keltischen – vermuten, ist »näne« in Wahrheit – Wittgenstein sei Dank – nichts anderes als der Bestandteil einer niederrheinischen Allerweltunterhaltung: »Dä Jupp Hendricks is seit Dienstach im Krankenhaus. Schlachanfall. Wat sachse getz?«

»Näne.«

»USSELICH« IST »USSELICH«

Wundert es eigentlich noch irgendjemanden, dass der Tourismus am Niederrhein seit Jahren nicht so richtig in die Puschen kommen will? Stellt doch allein die hier gepflegte Sprache für die meisten Außenstehenden eine geradezu unüberwindliche Hürde dar. Da können wir doch gleich an den Plattensee fahren und mit einem »éjszakázás« um eine schlichte Übernachtung nachsuchen. Gruselig.

Nehmen Sie doch nur mal das Wort »usselich«. Tja, wie soll man das näher erklären? Es gibt ja so Wörter, die erklären sich nur durch sich selbst. Wie wollen Sie zum Beispiel einem farbenblinden Menschen klarmachen, was Rot ist. Rot ist eben Rot. Wie soll man das anders beschreiben? »Eine Rose ist eine Rose ist eine Rose«, hat einmal eine bedeutende Lyrikerin scharfsinnig zu Papier gebracht. Nun, wo sie recht hatte, hatte sie recht.

Sehen Sie, aber genau das ist das Problem, wenn man jemandem erklären will, was »usselich« ist. »Usselich« ist eben »usselich«. Einem Außenstehendem kann man die Bedeutung dieses wichtigen niederrheinischen Wortes eigentlich nur vermitteln, wenn man das dazugehörige passende Beispiel gleich mitliefert: »Ich fühl mich heut so richtig usselich. So usselich, verstehße?« Kann man es genauer sagen? Schwerlich. »Usselich« kann übrigens auch das Wetter sein. »Heut ham wir wieder so'n usseliges Wetter. Furchbar.« Nebel, Nieselregen, schlappe sechseinhalb Grad über Null. Man kenndet am Niederrhein. Eben – so richtig »usseliges« Wetter. Nicht zu vergessen die grobe, von Tante Ruthild mitgebrachte Leberwurst, die schon seit Tagen im Kühlschrank vor sich hinammelt. Kann schon mal etwas »usselich« aussehen. Sparen wir uns nähere Einzelheiten.

Richtig kompliziert wird es allerdings, wenn man das Pech hat, dass einem zwischen Schiefbahn und Schmachtendorf noch weitere Varianten über den Weg laufen. Was dem einen sein »usselich«, ist dem anderen sein »uselich« oder gar »oselich«. Die forschende Wissenschaft hat zudem noch »üselich«, »uselisch« und »usselisch« zutage gefördert. Himmel hilf! Was denn nun?

Also, um es kurz zu machen: »Usselich« ist eigentlich die dem Niederrheiner präzisest mögliche Bezeichnung einer immer irgendwie zutreffenden Befindlichkeit. Das ganze momentane Lebensgefühl, die niederrheinische Wesensart schlechthin.

»Usselich« ist eben »usselich«.

Alles spricht ja z. Zt. von Corona. Vor allem vom drohenden Klopapier-Engpass. Manches wäre sicher noch tapfer zu ertragen. Aber die Vorstellung, dass wir demnächst wieder wie damals nach dem Krieg die Tageszeitung mit dem Küchenmesser auf handliches Wischformat bringen müssen, hat in der Tat etwas Beklemmendes.

Völlig ungeklärt ist indes, wieso Corona eigentlich »Corona« heißt. Selbst bis in die Regierungsetagen hinein herrscht über diesen rätselhaften Namen offenbar blanke Unkenntnis. Da hilft es denn auch wenig, wenn irgendwelche Neunmalklugen darauf hinweisen, dass »Corona« ursprünglich dem Lateinischen entstamme und wörtlich so viel wie »Kranz«, »Kreis« oder »Schar« bedeute. Bildung muss nicht immer hilfreich sein.

Über all das kann der Niederrheiner natürlich nur müde lächeln. Wer zwischen Osterath und Obrighoven groß geworden ist, weiß selbstverständlich, dass

»Corona« seit alters zu den Grundbeständen des hiesigen Wortschatzes gehört und manch eine Erzählung eigentlich erst interessant macht. »Letzten Sonntag waren mal wieder die Büdericher bei uns zu Besuch: Onkel Karl-Egon und Tante Irmtraud, Hannelies und Manfred, Jennifer und Thorsten, Mirja, Finley und Luna-Marie. Die ganze Corona.«

Und gerade gestern berichtete Claas-Hendrik – noch immer leicht erschöpft – von seinem Junggesellenabschiedsabend in der Düsseldorfer Altstadt. Alle waren mit: die Kollegen aus der Abteilung, die Jungs von der Alten Herren bei TuS 09 und sogar ein paar Kumpels aus der Volksschule damals in Kalkar. »Wat meinze: die ganze Corona.«

Auch daran sei erinnert, dass es mal vor Jahren eine seltene Naturerscheinung gab. Die halbe Nachbarschaft, also »die ganze Corona«, stand unten im Hof und versuchte, durch ihre rußgeschwärzten Glasscherben bei der verfinsterten Sonne so etwas wie eine »Corona« zu erkennen. Kaum einem ist es gelungen.

Für den waschechten Niederrheiner ist also »Corona« nichts wirklich Neues. Ein altvertrautes Wort, hinter dem sich eine regelrechte »Schar« von nervenden Lebenserfahrungen verbirgt. Wenn man so will: eine Heimsuchung der besonderen Art.

Und wenn ich nur allein an die Büdericher Sippschaft denke, dann wird mir mehr und mehr klar, woher die gegenwärtige Virusplage überhaupt ihren Namen hat.

STÄNDIG AM RUMKROSEN

Jetzt müssen wir doch endlich einmal auf etwas zu sprechen kommen, das auf den ersten Blick nur für unsere Gefilde von Belang erscheint, bei Lichte gesehen aber von geradezu nationaler Bedeutung ist. Es geht um das ominöse Wörtchen »Kros«.

Anderenorts völlig unbekannt, so weiß man doch am Niederrhein bereits von Kindesbeinen an, was mit »Kros« gemeint ist: Unordnung, wüster Kram, irgendein unnützer Krempel. »Levin-Dominik, den Kros da in deim Zimmer kannze aber mal bald wegräumen, wenn ich dir dat sagen tu.« Auch dürfen wir in dem Zusammenhang einmal mehr an Onkel Horst in Rheinkamp erinnern, der ausgerechnet am Wochenende nichts Besseres zu tun hat, als ständig in seinem Schrebergarten »rumzukrosen«. Und deutlich ist mir bis heute Mutterns leidgeprüfter Seufzer im Ohr, wenn sie mal wieder ihren Haustürschlüssel irgendwo – wie sie es nannte – »verkrost« hatte.

Schließlich spielt zwischen Möllen und Müllem ja auch die Verkleinerungsform von »Kros« eine nicht eben geringe Rolle: »Krösken«. Das rührt natürlich noch einmal an ganz andere Saiten niederrheinischen Miteinanders. »Der Hans-Gerd zum Beispiel, der hat ja, wenne mich frachs, immer irgendein Krösken am Laufen.« Als Ableitung von »Kros« weist »Krösken« aber auch gleichzeitig darauf hin, dass es mit der Ordnung eines so bezeichneten Verhältnisses nicht immer zum Besten bestellt sein muss. Liebe als Krempel. Man kenndet.

Was nun aber den Bundestrainer – und damit kommen wir endlich auf die bereits angedeutete überregionale Relevanz dieses Themas zu sprechen – bewogen haben mag, mit der Gestaltung des Mittelfeldes ausgerechnet einen Spieler zu beauftragen, der auf den wenig Vertrauen erregenden Namen »Kroos« hört, das mag der liebe Fußballhimmel wissen. Nie etwas von der in Jahrtausenden gereiften Einsicht gehört, dass der Name bereits Botschaft sein kann? Wenn es demnächst gegen die Nordmazedonier mal wieder nicht klappen sollte, wissen wir jedenfalls, warum.

Wie, diese düstere Sicht der Dinge entbehre doch schon deshalb jeglicher Grundlage, weil »Kros« und »Kroos«, wie jedes Kind wisse, allenfalls beim Hören, deshalb aber noch lange nicht beim Schreiben dasselbe seien?

Tschuldigung, das kann schon mal passieren, wenn man auf der Suche nach niederrheinischem Weltwissen ständig am Rumkrosen ist.

»STRUBBELICH« –
DAS NIEDERRHEINISCHE PASSEPARTOUT

Es gibt ja so Sachen, die passen irgendwie immer. »Passepartout« sagt der Franzose dazu. Kennt man bei uns aus dem ehrbaren Hausmeister- und Küsterwesen. Nur heißt es da »Generalschlüssel«. Das ist dieses Wunderwerk moderner Sicherheitstechnik, mit dem man überall reinkommt. Ob Waschküche, Turnhalle oder Sakristei, egal.

Vielleicht ist Ihnen schon mal aufgefallen, dass es auch Wörter gibt, die immer irgendwie zu passen scheinen. Jenseits vom Grenzübergang Herongen zum Beispiel ist so ziemlich alles, was nur irgend dem Wahren, Schönen und Guten zuzurechnen ist, »lekker«. Gleichgültig, ob wir es mit Pommes, dem Wetter oder einem Meisje zu tun haben.

Das Passepartout des Niederrheiners lautet schlicht: »strubbelich«. Was es damit auf sich hat? Nun, wer jemals das Glück hatte, etwa die ein wenig eigenwillige Haarpracht eines Boris Johnson oder auch Robert Habeck in Augenschein zu nehmen, weiß, was gemeint ist. »Strubbelich« kann natürlich auch die Rosenrabatte vorm Haus sein, die offensichtlich nach den Gesetzen des biologischen Gartenbaus gestaltet wurde. Und kürzlich bekam ich im Eingangsbereich von REWE zu hören, dass der Kopfsalat »auch schon wat strubbelich« aussähe. Auch wer ein wenig zu lange in der Badewanne zubringt, weiß, dass die Gegend südlich der Wirbelsäule schon mal »wat strubbelich« werden kann. Nicht zuletzt Ingo ließ kürzlich verlauten, er sei heute »'n bissken strubbelich«. Es klang wie eine Entschuldigung. Vom strubbeligen Wetter, das man am Niederrhein ja kennt, ganz zu schweigen. Jedenfalls hätte Stanisław Jerzy Lec seinerzeit sicher auch bei uns einen größeren literarischen Erfolg landen können, wenn er seine berühmten »unfrisierten Gedanken« schlicht »strubbelige Ansichten« genannt hätte.

Genug der Beispiele. Sonst ergeht es Ihnen am Ende wie meiner alten Freundin Annegret aus Hiesfeld. Diese führte unlängst bittere Klage darüber, dass Manuela sie am Telefon geradezu »strubbelich geredet« habe. Es hörte sich nicht wirklich nach Begeisterung an. Deshalb mache ich jetzt mal Schluss. Nicht dass Sie mir noch vorwerfen, ich hätte Sie mit Dingen, die niemand wirklich wissen muss, im Grunde nichts anderes als »strubbelich« geredet.

In der Zeit könnten wir uns schließlich längst mit »lekker Pommes« versorgt haben.

»MUSS« –
DIE GELIEBTE ZWANGSNEUROSE

Na, wie isset?« »Geht so.« »Und sonst?« »Muss.« Wie oft haben wir uns schon ausgeschüttet über diese niederrheinische Art gelingender Kommunikation. Aber ist irgendjemand vielleicht schon einmal auf die Idee gekommen zu fragen, welch grundsätzliche Lebenskonzeption sich eigentlich hinter dem so scheinbar mühelos dahingeworfenen »muss« verbirgt?

Während die meisten Menschen in unserem Vaterland ihr Dasein im Gedritt von Edeka, Sudoku und Bergdoktor heiter und gelassen zu gestalten wissen, scheint der Niederrheiner unter einem ganz eigenartigen Zwang zu stehen. Eine Art schicksalhafte Notwendigkeit, die man sonst eigentlich nur aus der griechischen Tragödie kennt: »Ich muss noch mal eben anne Bude.«

Niemand zwischen Millingen und Menzelen vermag der magischen Macht niederrheinischen Müssens zu entgehen. Irgendwie »muss« immer alles. Heute etwa »muss« man zum Markt, nächsten Freitag dringend zur Nackenmassage. Wer zum Beispiel in Wanheim wohnt, »muss« mindestens einmal die Woche aus irgendeinem Grund zur Apotheke nach Wanheimerort.

Fremde, die schüchtern und fragend ihren Fuß auf unser Hoheitsgebiet setzen und vielleicht einfach nur wissen wollen, wie man am besten nach Vennikel kommt, werden rasch gewahr, dass die Bewältigung einer Entfernung von A nach B im Grunde nichts anderes als eine Zwangshandlung darstellt: »Wo müssense denn da genau hin?«

Vielleicht ist an allem auch nur Tante Ruthild schuld. Früher, wenn wir sie in den Ferien besucht haben und es mal wieder dicke Bohnen mit Mehlsoße gab. »Und du isst das getz auf, wenn ich dir dat sach.« »Muss ich dat?« »Ja, du musst dat. Sonst gibbet morgen kein schön Wetter.«

»Muss.« Was wäre der Niederrheiner ohne diesen geliebten Zwang? Was wäre er ohne sein ständiges Getriebensein – zum Bezirksamt Süd, zu C&A, zu den Enkelkindern nach Schwafheim? Was wäre er ohne jenen dumpfen Drang, der in unerbittlicher Strenge hinter allen wichtigen Entscheidungen zu walten scheint? Die Alten haben diesen Mächten, wie man weiß, ganze Tempel geweiht. Heute verweist man meist aufklärerisch-gelangweilt auf die üblichen Muster Freudscher Zwangsneurosen.

Ja, in der Tat, vieles wäre hier noch aufzuarbeiten … Oh, um Himmels willen, gleich kommt Waltraud nach Hause. Kinder, ich »muss«.

»AM« – EIN WORT GIBT RÄTSEL AUF

Über was für niederrheinische Merkwürdigkeiten haben wir nicht schon voller Befremden den Kopf geschüttelt, selbst wenn es in dem einen oder anderen Fall am Ende auch irgendeine an den Haaren herbeigezerrte Erklärung gab. Wo wir nun allerdings vor einem schier unlösbaren Rätsel stehen, das ist der hier übliche Gebrauch des Wörtchens »am«.

Sicher könnte man sich der volksschulseligen Zeiten erinnern, in denen uns Fräulein Frielinghaus mühevoll in die Geheimnisse der sogenannten »Verhältniswörter« einzuweihen versuchte. Neben »in«, »ab«, »durch« oder »wegen« gehöre dazu eben auch das Wörtchen »an«. In Ausnahmefällen verschmelze es auch gerne einmal mit einem dazugehörigen Artikel zu »am«. So liege zum Beispiel Emmerich nicht »an dem« Rhein, sondern »am« Rhein. Fräulein Frielinghaus war wegen ihrer heimatverbundenen Beispiele durchaus beliebt.

Damit könnte es nun an sich sein Bewenden haben, wenn es zwischen Meerbusch und Mehrhoog nicht noch ein ganz anderes »am« gäbe. Erst kürzlich flatterte mir ein »wie lang is der Vatter denn schon widder am Arbeiten?« über den Gartenzaun. »Am Arbeiten.« Fräulein Frielinghausens Schulweisheit, nach der »am«, um es zu verstehen, in »an« und »dem« aufzulösen sei, ist hier offensichtlich an ihr Ende geraten. Und das, obwohl es am Niederrhein nur so wimmelt von diesen rätselhaften

»ams«. So ist Jennifer seit Oktober »irgendwat Soziales am Studieren«. Oder hat Herr Kämpken zum Glück sein altes Moped »widder am Laufen gekricht«. Und wie nicht anders zu erwarten, war Tante Henny bei der Silberhochzeit natürlich wieder ständig »am Rummeckern«. Genauer gesagt: »dran am Rummeckern«.

Oder ob wir es hier einmal wieder mit den bekannt-berüchtigten anglo-amerikanischen Einflüssen zu tun haben? »Am« soll ja im Englischen eine nicht geringe Rolle spielen. »I am sailing, I am sailing« scholl es mir noch neulich aus dem offenen Fenster irgendeines Weseler Yacht-Clubs entgegen. Was wohl so viel wie »Bin am Segeln, bin am Segeln« heißen sollte. Wobei Fräulein Frielinghaus immer wieder darauf hinzuweisen pflegte, dass »am« in Verbindung mit einem Tu-Wort eher umgangssprachlich und deshalb im Schriftlichen tunlichst zu vermeiden sei.

Bin am Segeln,
bin am Segeln ...

Schon gut,
schon gut, schon gut.
Ich bin ja auch schon
dran am Aufhören.

Ob es daran liegt, dass der Niederrheiner seinerzeit mal wieder nicht richtig in der Schule aufgepasst hat – man weiß es nicht wirklich. Jedenfalls rechtfertigt das noch lange nicht jene bekannte Unart hierzulande, die eine oder andere in unserem Vaterland nun einmal geltende Sprachvereinbarung einfach über den Haufen zu werfen.

Wie oft zum Beispiel hat uns damals in der Volksschule Fräulein Frielinghaus eindringlich darauf hingewiesen, dass man ein doppeltes S innerhalb eines Wortes gefälligst scharf auszusprechen habe. Man denke nur an »Klasse« oder »Gosse«. Das einfache, also das weiche, man könne auch sagen: »stimmhafte« S hingegen sei so schmiegsamen Wörtern wie »Meise« oder »Rose« vorbehalten. Während hier die Stimme hörbar mitschwinge, verkümmere  bei »Kresse« oder »Narzisse« das scharfe S zu einem bloßen Zischlaut kurz vor den Schneidezähnen. Fräulein Frielinghaus war ja bekannt für ihre Gabe, auch schwierige Sachverhalte allgemeinverständlich rüberzubringen.

Warum der Niederrheiner nun meint, jenem einleuchtenden Frielinghausschen Lehrsatz nicht immer Folge leisten zu müssen (regelkonformes scharfes S), mag der Himmel beurteilen. Jedenfalls fiel es mir zum ersten Mal auf, als Tante Ruthild davon sprach, dass ihr heute so »usselig« (regelwidriges weiches S) wär, was wohl am »Fisselregen« (weiches S) läge. Merkwürdig auch, dass sie dann später auf meinem schmucken Jackett ständig irgendwelche »Fussel« wahrzunehmen glaubte, was mir meist ein wenig »pisselig«, um nicht zu sagen: »knüsselig« (jeweils weiches S) vorkam.

Und weshalb das aus Kreuzworträtseln bekannte rechtsniederrheinisch fließende Gewässer namens »Issel« wieder mit hartem statt mit weichem S über die Zunge kommt, das zu verstehen, ist man nördlich von Düsseldorf (scharfes S) wahrscheinlich zu »schusselig« oder auch einfach nur zu »dusselig« (jeweils weiches S).

Während wir uns früher die Tage mit »Kusselkopp« oder um Silvester herum auch mit »Fisselmännekes« (jeweils weiches S) vertrieben haben, »hasse« (scharfes S) ich es inzwischen, das korrekte niederrheinische »Quasseln« ständig zu »vermasseln« (beide Male weiches S). Da »krisse« (scharfes S) doch echt die Krise oder kannst dich gleich nach »Pussemuckel« (weiches S) verziehen. So »isset« (weiches S) doch.

Oder »bisse« (scharfes S) noch immer dran am Rätseln?

ECHT RAMMDÖSIG

Es gibt ja hier bei uns am Niederrhein Wörter, wenn Sie die erklären wollen, wie soll ich sagen, da werden Sie doch echt bekloppt bei. Nehmen Sie zum Beispiel doch nur mal das Wort »rammdösig«.

Fangen wir mal ganz vorsichtig an: »dösig«. Das klingt nach unserem Oppa, wenn er sich schon mal nach dem Mittagessen auf die Couch legte und so ein bisschen vor sich hindöste. Auch erinnere ich mich noch gut an Mutterns mahnende Stimme, wenn ich seinerzeit mal wieder stundenlang vor dem schrecklichen Buch mit den vielen Vokabeln saß, die einfach nicht in meinen Kopf wollten. »Nun dös man nicht so rum«, hieß es dann. »Dösig« scheint also irgendetwas mit einer matschigen Birne zu tun zu haben.

Aber »ramm«? Letztens, als sie bei uns mit der neuen Kanalisation dran waren, kam eine Ramme zum Einsatz. Kra-wumm. Kra-wumm. So ging das den ganzen Tag. Da konnten Sie wirklich rammdösig bei werden. Aber was ist damit erklärt? Höchstens, dass einem manchmal die ganze Dösigkeit so plötzlich überfällt, als ob da von höherer Warte eine Art Ramme am Werk sei. Unerbittlich. Kra-wumm.

Nun machte kürzlich jemand, der damals wohl ein wenig besser als ich im Unterricht aufgepasst hatte, darauf aufmerksam, dass »ramm« wahrscheinlich auf

das englische »ram«, zu Deutsch »Schafsbock«, zurück-
gehe. Womöglich wären die britischen Besatzer nach
dem Krieg beim Anblick der vielen vor sich hindösen-
den Schafherden zwischen Ginderich und Orsoyerberg
genau auf diese geniale Wortverbindung gekommen:
»ram-dösig«. Im Übrigen auch ein kleiner Beitrag zur
britisch-deutschen Völkerverständigung.

Doch man kennt den Niederrheiner schlecht, wollte
man ihm unterstellen, sich mit solch halsbrecherischen
Erklärungsversuchen einfach abzufinden. Bescheiden,
wie er nun einmal ist, tut er es fast beiläufig mit dem
schlichten Zusatz »echt«. Rammdösig wird man nämlich im eigentlichen, also im schafsbockmäßigen Sinne
nur, wenn man »echt rammdösig« wird. Wird, wohlgemerkt. Niemals ist man es. Rammdösigkeit ist grundsätzlich ein Widerfahrnis, keine verantwortliche Tat.
Auf eine Art auch wieder beruhigend.

Aber wenn man sich das mal so überlegt, was man
sich alles klarmachen muss, um sich auch nur einigermaßen im Niederrheinischen zurechtzufinden, da können Sie doch manchmal echt rammdösig bei werden.

Da sage noch einer, der niederrheinischen Sprache hafte doch eher etwas Provinzielles an. Sicher, »Pülleken« zum Beispiel wird man wohl so schnell nicht auf einem Langstreckenflug etwa zwischen Tokio und Toronto vernehmen. Aber darf man deshalb dem niederrheinischen Wortschatz von vornherein jegliches internationale Flair absprechen und die hier Lebenden gleich zu sprachlichen Dorfpomeranzen erklären? Schwerlich.

Nehmen wir nur mal das geradezu weltmännisch anmutende »Maleste«. Wie sollte der Niederrheiner eigentlich die dauernden Beschwerden mit der Bandscheibe treffsicherer beschreiben, wenn nicht seinerzeit die befreundeten römischen Truppenteile auch ihre vokabelmäßigen Duftmarken hinterlassen hätten? »Maleste« kommt nämlich – folgen wir Studienrat Dr. Pinkelkötter – ursprünglich aus dem Lateinischen und klingt im Grunde ja auch mehr nach Malcesine als nach Marienbaum.

Oder auch das berühmte »schö«. Das ist nun sprachgeschichtlich gesehen insofern interessant, als wir die Entstehung dieses Wortes – man staune – wahrscheinlich keiner Geringeren als der berühmten Caterina Valente zu verdanken haben, die ja eigentlich am Niederrhein nie so ganz warm geworden ist. Wie das?

Nun, wer schon einmal seinen Urlaub in Rimini oder Riccione verbracht hat, weiß, dass man dort unten ohne ein herzliches »ciao« ungern auseinander geht. »Ciao, ciao, Bambina, du darfst nicht weinen, für dich wird wieder die Sonne scheinen« – so bekanntlich schon Peter Alexander. Und was machte Caterina die Große daraus? »'Tschau, tschau, Bambina …« Geht ja eigentlich gar nicht so was. Ehrlich, können Sie selbst leicht nachprüfen, wenn Sie demnächst wieder auf dem Ruhrorter Flohmarkt an der Mühlenweide in den alten Polydor-Platten kramen: aus »ciao« mach »tschau«. Man kann nur ahnen, was Fräulein Frielinghaus seinerzeit dazu gesagt hätte.

Doch nun der Niederrheiner. Von »tschau« zu »tschö« ist es ja bekanntlich nur ein Katzensprung. Und weil »tsch« zu Beginn eines Wortes auch so seine Probleme macht, einigte man sich hier rasch auf ein schlichtes »schö«. Quer über den Gartenzaun auch schon mal auf ein etwas gedehnteres, hingebungsvolles »schö-ö«. Oder – der Niederrheiner hat es ja gerne auch mit den Verkleinerungen – ein nicht minder von Herzen kommendes »schökes«.

Also dann bis zur nächsten Vorlesung. Schökes.

HÖRNSEMA

Wer das Glück hat, einmal Zeuge einer längeren niederrheinischen Unterhaltung zu werden, wird alsbald mit einem merkwürdigen Wort zugeschüttet, das in geradezu pandemischer Manier jedes Gartenzaungespräch dominiert: »Hörnsema.« Kaum ein Satz, kaum ein neuer Gedanke, kaum eine Frage, die nicht mit einem in gehobenem Unterton vorgebrachten »Hörnsema« eingeleitet wird. »Hörnsema, ham Se dat gestern Abend im Fernsehen mitgekriegt …« »Hörnsema, wat ich Sie ewig und drei Tage schon mal fragen wollte …« »Hörnsema, der Hein van der Loo ist ja getz …«

Genaugenommen besteht das Merkwürdige an »Hörnsema« eigentlich nur in seiner Endung. Ein sogenanntes »Suffix«, würde uns Deutschlehrer Dr. Pinkelkötter selig sicher sogleich belehren. Bekannter seien hier so berühmte Wortanhängsel wie »-ung«, »-heit« oder »-chen«. Wobei wir wissen, dass zwischen Blumenkamp und Bloemersheim eher ein »-ken« gebräuchlich ist. »Bütterken« wäre da so ein klassisches Beispiel.

Nun also »-ma«. Man kennt dieses Suffix vor allem von unseren befreundeten Nachbarn. »Grüeziwohl, Frau Stirnima« etwa ist einem aus der Schweiz vertraut. Und wer auf den klangvollen Nachnamen »Postma« hört, darf sich ohne Umschweife den nahen Niederlanden zurechnen. In unseren Breiten begegnet ja meist mehr »hömma«, »kumma« oder auch »omma«. »Omma«? Muss es nicht »Oma« heißen? Nein, nein! »Nun lass mich doch omma wat sagen.«

Weilte Dr. Pinkelkötter noch unter den Lebenden, so würde er sicher auch darauf verweisen, dass ein angehängtes »ma« im Niederrheinischen eigentlich nur eine Abkürzung für »mal« darstellt. »Mal« wiederum ist nur eine Abkürzung für »einmal«. Die Abkürzung einer Abkürzung also. Als solches bereits ein Alleinstellungsmerkmal für einen Menschenschlag, der ja für seine Knauserigkeit hinlänglich bekannt ist. Wie anders soll man sich auch solche Wortverknappungen wie »kannzema«, »willzema« oder »sollzema« erklären? »Kannzema eben dat Handtuch halten?« Auch fällt mir da noch »wollnmerma« ein. So nämlich kürzlich Onkel Horst an Tante Ruthilds Fünfundsiebzigstem: »Getz wollnmerma allmählich los.« Alles, wie ich finde, eindrucksvolle Kleinode niederrheinischer Konversation. Denn wo hat man das sonst schon einmal?

Hörnsema, ich frage mich natürlich, wo man das sonst »schomma« hat.

SCHISSLAMÄNG ODER DURCHDRINGUNG DER KULTUREN

Man hört ja immer wieder große Klagen über den Untergang der heimischen Sprache. Allenthalben würde nur noch »gepostet«, »downgeloaded« oder »upgegraded«. Habe man zum Beispiel die Absicht, sich das stattliche Haupthaar einmal wieder ein wenig kürzen zu lassen, so finde man sich selbst in dem entlegensten Kuhdorf Oberbayerns unversehens in einem »Hair Styling Center« wieder. Überhaupt: Wer vermöge sich heutzutage noch zwischen »healing«, »needling« oder »nailing« einigermaßen zurechtzufinden?

Doch da kann der einsässige Niederrheiner nur müde lächeln. Was gehe einen irgendein »Beautytrend« oder »Coffee to go« an, wenn man hierzulande seit den glorreichen Zeiten der französischen Besatzung zwischen Bislich und Benrath auf so bedeutende Gallizismen – so der Fachaudruck – wie »Friseur«, »Dessert« oder »Dessous« zurückgreifen könne? Selbst in die hiesige Küche habe der große Napoleon ja mit seiner legendären »Bechamelsoße« rühmlichen Einzug gehalten. Aus der »Lamäng« (von französisch »la main« = die Hand) könne man da überdies auch auf »Bandage«, »Bagage« oder gar »Blamage« verweisen.

Damit sind wir bei der nun einmal typisch niederrheinischen Art der feindlichen Sprachübernahme angelangt. Denn was soll man mit der unseren westlichen Nachbarn nun einmal eigenen schwebenden Leichtigkeit der Wort-Endung anfangen, wie wir sie etwa bei »Dessin«, »Bassin« oder »Mannequin« vorfinden? Nun, was dem Niederrheiner nicht auf die Zunge passt, wird eben passend gemacht. Mein »Kosäng« Horst-Günter zum Beispiel, jou der aus Niedermörmter, der isst ja an seinem Geburtstag nichts lieber als »Ragufäng«. Während unsere Nichte Celine-Nouvel jetzt dauernd mit ihrem »Täng« dran ist.

Ganz schwierig wird es allerdings, wenn es in einem einzigen Wort zu einer Art »Durchdringung verschiedener Kulturen«, wie die Wissenschaftler das nennen, kommt. So wie sie uns in dem berüchtigten »Schisslamäng« begegnet. »Lamäng«, so viel Französisch haben wir inzwischen drauf: »aus der Hand« oder »aus dem Stegreif«. Aber nun noch ein niederrheinischer »Schiss« davor? Da ahnt man Fürchterliches. »Denn wat konnt der Onkel Heinz dafür, dat er mit seim Wohnwagen auf der Grav-Insel mit eimal sonn Schisslamäng am Hals hatte?«

Sie merken: Urlaubszeit. Kulturdurchdringung. Höchste Eisenbahn zum »Abchillen«.

Mehr als einmal haben wir uns an dieser Stelle schon über die Geheimnisse der niederrheinischen Sprache den Kopf zerbrochen. Meist vergeblich. Denn wer vermöchte auf Anhieb mit so rätselhaften Vokabeln wie etwa »näne«, »rammdösig« oder gar »Schisslamäng« etwas Gescheites anzufangen?

Oder nehmen wir nur mal das beliebte »Beömmeln«. Vertrauter ist ja das ähnlich lautende »ömmelich«. Tja, was ist am Niederrhein nicht alles »ömmelich«? Die bereits ein wenig in die Jahre gekommene Strickjacke, die auch mal wieder in die Wäsche könnte, zum Beispiel. Oder irgendein zerzauster Vorgarten, der schon seit Längerem eine hegende Hand vermissen lässt. Oder auch das letzte Gemeindefest in St. Peter, dessen angekündigte »tollen Überraschungen« sich in einer überschaubaren Salatbar und einer lustigen Hüpfburg für die Kleinen erschöpften. Eben alles ein wenig »ömmelich«.

Aber »beömmeln«? Auffallend zunächst, dass es zwischen Eick und Empel anscheinend nirgendwo ein einfaches »Beömmeln« gibt, sondern immer nur ein »Sich-beömmeln«. Wer hier sogleich schmutzige Fantasien entwickelt, hat den Niederrhein nicht verstanden. »Beömmeln« ohne ein dazugehöriges ordentliches »rückbezügliches Fürwort« (Fräulein Frielinghaus) geht offenbar gar nicht. Das wurde mir schlagartig kürzlich auf dem Parkplatz vor Netto klar, als ich unweit vor mir ein »nä, wat ham wer uns beömmelt« vernahm. Es ging offenbar um die amüsanten Erfahrungen anlässlich eines Grillabends auf dem camperfreundlichen »Wohnmobilhafen Schravelsche Heide«. Irgendwie hatte wohl die neue Anzündwolle nicht so richtig funktioniert. Wirklich komisch. »Nä, wat ham wer uns beömmelt.« Sie merken: Wir nähern uns zügig einem tieferen Verstehen.

Bleibt nur noch die Frage, wie sich nun jenes »ömmelich« mit diesem »Sich-beömmeln« zusammenreimt. Also was etwa die Dürftigkeit einer schon etwas betagten Strickjacke mit dem Amüsement über eine gescheiterte Grillanzündeaktion zu tun hat. Am Ende vielleicht gar nichts. Am Niederrhein ist man ja manches gewohnt.

Oder ob alles letztlich auf den berühmten »Ömmes« zurückzuführen ist, der sonst eigentlich nur in der Beschreibung etwa eines ausgewachsenen Kürbis' aufzutauchen pflegt? Bekanntlich ist man ja hierzulande nicht grundsätzlich gegen unfreiwillige Komik gefeit.

Ich könnt mich glatt wegömmeln.

Oft schon haben wir ein anerkennendes Wort über die vielen Spuren geäußert, die fremde Kulturen in unseren Breiten hinterlassen haben.

Wie anders könnte etwa der Xantener darauf verweisen, dass er nun einmal ein besserer Mensch sei? Schließlich sei der Name seiner Stadt römischen Ursprungs und laute eigentlich »Ad Sanctos«, also »Bei den Heiligen«.

Oder wie dürftig etwa sähe manche Speisekarte zwischen Hoerstgen und Hamminkeln aus, würde sich auf ihr nicht immer wieder ein ausgesuchtes »Cordon bleu« oder wenigstens ein leicht zu Munde gehender »Chardonnay Blanc Musque« wiederfinden? Köstlichkeiten, die unschwer an die segensreichen Jahre französischer Besatzung denken lassen. Grobe nachbarschaftliche Handgreiflichkeiten erinnern zudem an die wilden Zeiten herrlich schäumenden Germanentums.

Und wahrscheinlich haben wir schließlich die nervige Frage, ob wir »noch wohnen oder schon leben«, keinen Geringeren als den marodierenden schwedischen Soldaten während des Dreißigjährigen Krieges zu verdanken. Sie wissen schon: schlichte Gartenklappstühle, zu denen man plötzlich »Saltkolmen« sagen muss. Toilettenpapierhalter, die offenbar nur auf den Namen »Balungen« hören. Oder die mannigfachen geschmacksfreien Kissenbezüge, die einem ein geradezu zungenbrecherisches

»Skäggört« abverlangen. Die oft gepriesenen Begegnungen mit dem Fremden können manchmal eben auch ein wenig anstrengend sein.

Wie sehr man sich bei aller vermeintlichen Kenntnis der vielen Einflüsse anderer Kulturen allerdings auch irren kann, kam mir eigentlich erst neulich so richtig zu Bewusstsein. Anlässlich des Einbaus unserer neuen Schrankwand belehrte mich der freundliche Herr vom Montageservice, dass der Kleiderhaken »insomfall« wahrscheinlich besser halten würde. »Insomfall«? Natürlich schwirrten mir sogleich alle mir bekannten schwedischen Kleiderhaken durch den Kopf: »Tjusig«, »Hjälpa« und »Blecka«. Von »Bror« und »Sunnersta« ganz zu schweigen. Aber ein Kleiderhaken »Insomfall«? Offenbar hatte ich meinen skandinavischen Möbelhauskatalog nicht mit der gebotenen Sorgfalt durchgearbeitet.

Indes: Nicht jede sprachliche Marotte sollten wir zu rasch auf andere schieben. »Insomfall« muss der Niederrheiner einfach auch mal selber den Kopf hinhalten.

WIE GESACHT

Schlimm genug, dass der Niederrheiner immer wieder mit Wörtern um sich wirft, für deren korrekte Übersetzung man in der Regel schon ein etwas umfangreicheres Fachlexikon der niederdeutschen Sprache bemühen muss. Noch schwieriger wird es allerdings, wenn einem ein scheinbar vertrauter Ausdruck begegnet. Jedoch so, dass man am eigenen Verstand zu zweifeln beginnt.

Onkel Horst zum Beispiel. Ja, der aus Rheinkamp. Der hat manchmal so eine Art an sich, wie soll ich sagen? Also der sagt immer, ob es nun passt oder nicht: »wie gesacht«. Auch wenn er vorher noch gar nichts gesagt hat. Wie kürzlich. Da hatte ich zufällig noch was in Hülsdonk zu erledigen. Dachte ich noch so: Ach, kannst doch eigentlich mal wieder auf'n Sprung beim Onkel Horst vorbei. Wir hatten uns ja schon länger nicht gesehen. Das letzte Mal, wenn ich mich recht entsinne, in Beeckerwerth. Auf Svenja-Charlene ihre Kommunion. Wie das manchmal so ist.

Ich also in Rheinkamp vorbei. Lintforter Straße. Schell. Onkel Horst an der Tür. »Tach, Gisbert«, meint er gleich, »wie isset?« »Wie sollet sein«, sage ich, »muss so.« »Jou«, sagt der Onkel Horst, »wie gesacht, dat is getz die Gadrobe.« »Ah ja«, nicke ich. »Wie gesacht, habbich übrigens erst letzte Woche gemacht«, so wieder Onkel Horst. »Ich dachte schon«, werfe ich schüchtern ein. »Ja«, meint der Onkel Horst, »ich hab getz einfach mal'n Gelbstich beigetan. Wie gesacht, dat sah doch sonst immer so kahl aus. Furchbar.« »Da kannst du Recht haben«, pflichte ich ihm bei. Er: »Und? Wie findzet?« »Nicht schlecht«, sage ich. »Ja, wie gesacht«, sagt der Onkel Horst, »und dat is hier getz der neue Teppichboden.«

Ob es daran liegt, dass mein Kurzzeitgedächtnis auch nicht mehr das ist, was es mal war? Man hört inzwischen ja so manches zu diesem Thema. Hier letztens noch in der »Aktuellen Stunde« auf WDR. Aber vielleicht tue ich dem Onkel Horst mit seinem nervigen »wie gesacht« auch bitteres Unrecht. Wahrscheinlich hat er mir alles schon x-mal erzählt und ich habe bloß nicht richtig zugehört. Und er will mir mit seinem ewigen »wie gesacht« nur ein schlechtes Gewissen machen. Ich weiß es nicht. Jedenfalls habe ich ihn jetzt erst einmal gefragt, ob er nicht mal gelegentlich auch unsere Garderobe machen könnte. Gebrauchen könnte sie es weiß Gott mal wieder.

Wie gesacht.

DA KRISSE DIE KRISE

Da krisse doch echt die Krise.« Wer von uns wäre – sagen wir mal: im Kassenbereich bei Aldi – nicht allein schon vom Tonfall solch einer Schreckensmeldung in Unruhe versetzt worden? Dabei bedient sich der Unruhestifter, was die Regeln der klassischen Sprachlehre anbelangt, einer so wohl nur am Niederrhein begegnenden Wortverbindung von – Achtung: Deutschunterricht, vierte Klasse bei Fräulein Frielinghaus! – Verb und Personalpronomen, wie wir sie etwa von »hasse«, »kannze« oder »tuße« her kennen. Fräulein Frielinghaus unterließ es allerdings nie, uns auf das ihrer Meinung nach korrektere »hast du«, »kannst du« oder »tust du« hinzuweisen. Aber nicht jeder ist ja bei ihr in die Schule gegangen.

Nimm allein »tuße«. Wie viele sind nicht schon bei »Wer wird Millionär?« bereits an der 50-Euro-Hürde damit gescheitert, dass sie »tuße« entweder für ein ausgestorbenes alemannisches Blaßinstrument oder – typisch frauenfeindlich – für eine flüchtige weibliche Bekanntschaft gehalten haben. Weit gefehlt! Gerade in so usseligen Jahreszeiten wie diesen macht sich Fräulein Frielinghausens damalige Erklärungskompetenz noch einmal sehr bezahlt. Wie wollte man sonst etwa solche Ratschläge verstehen wie »Du hasset am Hals? Da tuße einfach noch'n Löffelken Honig in Salbeitee. Dann kannzet bald vergessen.« Praktische Lebensbewältigung via niederrheinische Grammatik.

Damit sind wir beim nicht minder entschlüsselungs-bedürftigen »kannze«. Man kenndet von zu Hause: »Kannze nich mal dieses? Kannze nich mal jenes?« Egal, ob es um die Mülltonne oder den leeren Kasten Wasser geht. Meine Helma ist ja in solchen Scheinfragen ziemlich groß. Doch im Grunde will sie mit ihrem ewigen »kannze nich mal …?« gar nicht wirklich was wissen, sondern einfach nur eine Predigt halten. Fräulein Frielinghaus hätte uns an dieser Stelle sicher erläutern können, inwiefern »kannze« und »Kanzel« von ihrem Ursprung her wahrscheinlich irgendwas miteinander zu tun haben.

Bleibt die Frage: Und was ist jetzt noch mit »hasse«, »gehße«, »machße«, »nimmße«, »gibße« oder gar – wir befinden uns immerhin im landwirtschaftlich geprägten Raum – mit »dünxe«? »Mit wat dünxe eigentlich?«, könnte ich ja mal unseren Biobauern fragen.

Oh Mann! Grammatik am Niederrhein. Da krisse doch echt die Krise.

KANNZEMA SEHN

Eigentlich ist der Niederrheiner ein Augenmensch. Das macht sich daran bemerkbar, dass praktisch alle wichtigen Dinge des Lebens mithilfe der »lieben Fensterlein« in Angriff genommen werden, um mit dem Dichter Gottfried Keller zu reden. Mögen andere etwa die Krankheitsgeschichten von Tante Frieda »nicht mehr hören« wollen oder bestimmte Nachbarn sogar »nicht riechen« können – der Niederrheiner hat es vor allem mit dem Sehen.

»Kannzema sehn.« Wie oft ist solch ein Satz zwischen Brünen und Birten zu vernehmen. Dabei geht es meist eher um Intelligenz erfordernde Sachverhalte. Wird man zum Beispiel von einem freundlichen Tankwart darauf aufmerksam gemacht, dass sich das Auto schon deshalb nicht mehr fortbewegen könne, weil schlichtweg kein Benzin mehr im Tank sei, so zeigt der Niederrheiner schnell kluge Einsicht per Auge: »Kannzema sehn.«

Oder auch: »Siehße.« Wer von uns wäre nicht mit diesem leicht vorwurfsvoll klingenden Unterton groß geworden? Vielleicht hatte man sich – trotz aller mütterlichen Vorwarnung – an der »Achtung! noch sehr heißen« – Kürbissuppe die Zunge verbrannt, schon hieß es pädagogisch korrekt: »siehße«. Am Niederrhein lernt man also früh, dass das Auge schließlich auch mitisst. Wen wundert es da noch, wenn man gerade hier häufig mit einem bollerigen »was guckst du?« angepöbelt wird?

Über die Gründe dieser – gelinde gesagt – etwas einseitigen Wahrnehmungsoption kann man natürlich nur mutmaßen. Vielleicht liegt es an der nun einmal vor allem den Sehnerv trainierenden Weite der Landschaft, vielleicht einfach nur daran, dass der Niederrheiner auf andere Sinne – etwa das geduldige Zuhören – einfach keinen Bock hat. Was weiß ich.

Einigermaßen ungemütlich kann es allerdings werden, wenn man den Niederrheiner dezent darauf hinweist, dass er sich nicht in ausreichendem Maße seines optischen Organs bediene. »Seh ich selbst«, kann einem schon mal barsch entgegenkommen, wenn man sein Gegenüber auf die nicht ganz ordentlich gebundene Krawatte aufmerksam macht. »Seh ich selbst«. Man könnte auch sagen: »Halt die Schnüss!«

Was meinen Sie? Übertriebenes Sehen gebe es doch auch anderswo? Jeder, der seinen Urlaub schon einmal etwa in Fedderwardersiel verbracht habe, wisse doch um das dort oben gebräuchliche »kuck eben« oder gar »kiek mol«?

Könnsema sehn.

SONST KRIEGENSESE

Mehr als einmal haben wir uns an dieser Stelle über die Fallstricke der niederrheinischen Grammatik seufzend ausgelassen. Erinnert sei nur an das berüchtigte »hasse« oder »kannze«, an dem schon ganze Generationen von Deutschlehrerinnen verzweifelt sind. Auch wollen wir in dem Zusammenhang gerne Onkel Horsts aus Rheinkamp gedenken, der sich irgendwie in »krisse« verguckt hatte. »Da krisse doch echt die Krätze« war noch eines der harmloseren Beispiele aus dem reichen Repertoire seines niederrheinischen Sprachschatzes.

Sonst krissese

Jeder wird also nachvollziehen können, wie es mir neulich erging, als ich unversehens Ohrenzeuge folgenden Ausspruchs wurde: »Sonst krissese«. Es ging offenbar um den Warnruf vor irgendeiner größeren Untat: ein zu spätes Zum-Essen-Erscheinen, eine verbockte Mathearbeit, was weiß ich. Schlagartig kamen in mir traumatische Kindheitserfahrungen wieder hoch. »Pass up, Jüngsken, vergiss ja nicht, Tante Ruthild zum Geburtstag zu gratulieren. Sonst krissese.«

Nun mag »krisse« mit viel gutem Willen ja noch hingehen. Aber »krissese«? Wie es dem Niederrheiner nun einmal eigen ist, verfiel ich sogleich in ein tiefes Nachdenken. Dass »krisse« nichts anderes als »kriegst du« bedeutet, hatte uns ja bereits Fräulein Frielinghaus damals in der Volksschule mit bewundernswerter Geduld beigebracht. Was aber hat es eigentlich mit jenem zusätzlichen »se« am Ende auf sich: »krissese«? Frielinghausscher Logik folgend müsste es ja im Grunde heißen »dann kriegst du sie«. Aber was um Himmels willen kriegst du? Schimpfe? Haue? Oder gar Nachbars Elvira? Weiß man's?

Und was ist mit all den vielen anderen End-»ses«, die einen täglich zwischen Aldekerk und Aldenrade heimsuchen? »Hassese eigentlich noch alle« etwa war kürzlich unmissverständlich hinter irgendeinem Gartenzaun zu vernehmen. Wahrscheinlich waren mit dem angehängten »se« keine Geringeren als alle guten Geister gemeint. Richtig schwierig wurde es aber erst neulich, als mir Frau Moschüring lange und letztlich vergeblich zu erklären versuchte, welche ältere dunkelhaarige Dame sie letztens noch bei Lidl getroffen habe. »Wennse sehn, kennsese.« Aha.

Auf jeden Fall sind wir jetzt schon mal ein gutes Stück vorangekommen. Ich hoffe doch sehr, dass Sie das auch so sehen. Sonst kriegensese.

WARUM LUTHER VOM NIEDERRHEIN STAMMTE

Was ist in den letzten Jahren nicht alles von der neueren Martin-Luther-Forschung ans Tageslicht befördert worden: Luthers Thesen als frühe Form des modernen Shitstorms. Luther als nicht genannt sein wollender Vorkämpfer der 68er. Luther als lange verkannter Frauenversteher. Doch jetzt – halten Sie sich fest! – die jüngste wissenschaftliche Erkenntnis: Luther stammte vom Niederrhein!

Nun, um das zu verstehen, müssen wir uns auf einen kleinen Umweg begeben. Man kann ja über den Niederrheiner sagen, was man will, aber mangelnde Sparsamkeit ist ihm gewiss nicht vorzuwerfen. Sicher, bei kleineren Anschaffungen – Heimorgel, Einbauküche, Wohnmobil – guckt man nicht unbedingt auf den Cent. Aber bei dem ihm Liebsten und Wichtigsten, dem gesprochenen Wort, kann es zwischen Lirich und Lobberich mitunter ohne Gnade knauserig zugehen.

Opfer solch rigorosen Geizens ist vor allem der Buchstabe E. Zumindest da, wo er nun wirklich unnötigen Luxus darstellt: am Schluss. Oder besser gesagt: am »End«. Also dort, wo »Tant Trud« meist mit den Nerven ist, wenn »inne Küch« mal wieder »de Sahn all« ist. Es »könnt« allerdings auch daran liegen, dass ich im Moment nur mal »mein Brill« verlegt »hab«. Wir merken schon: Nicht nur die klassische Musik kennt die hohe Kunst des Weglassens.

Deshalb sind »die Schaf«, die man gelegentlich in der Nähe der Friemersheimer Dorfkirche zu sehen bekommt, auch keine feministische Entgleisung, sondern einfach Ausdruck eines konsequent haushalterischen Sprechverhaltens, dem alles Überflüssige ein Gräuel ist. »Hallo, ich red mir dir.« Selbst in der »Kirch« greifen derlei Sparmaßnahmen mittlerweile um sich, etwa wenn von »Sünd und Schand«, manchmal aber auch nur von »Lieb und Treu« die Rede ist. Das ist Sparen am richtigen Platz. Denn nichts ist für den Niederrheiner ja furchtbarer als »rausgeschmissen Geld«.

An dieser Stelle kommt nun die neuere Luther-Forschung ins Spiel. Schon damals im Religionsunterricht habe ich mich immer gefragt, ob der große Reformator in Deutsch nicht richtig aufgepasst hat: »Ein feste Burg ist unser Gott …« Da hätte es bei Fräulein Frielinghaus doch eine glatte Fünf für gegeben. Des Rätsels Lösung: Luther stammte vom Niederrhein! Aber deshalb den hiesigen Verzicht auf das End-E gleich in die »Tonn« kloppen?

Um Gottes willen! »Wär« doch »schad« drum.

Letztens noch haben wir uns damit beschäftigt, dass der Niederrheiner beim Umgang mit dem Buchstaben E am »End« eine – vorsichtig formuliert – gewisse Zurückhaltung meint walten lassen zu können. Von »Tant Trud« war beispielsweise die Rede und dass selbst Martin Luther bei seinem berühmten Lied »Ein feste Burg« sich diese Form niederrheinischer Sparsamkeit offensichtlich hat angelegen sein lassen.

Doch nun hagelt es Anfragen. Es sei ja schön und gut, wenn die Sekundärtugend des Verzichten-Könnens bis hinein in ein haushalterisches Sprechverhalten ihre Auswirkung habe, doch könne es mit einer schlichten Beseitigung eines ehrbaren deutschen Buchstabens nun auch nicht getan sein. Immerhin sei doch gerade für den Niederrheiner manches von dem, was andere für überflüssig hielten, »zu schad zum Wegschmeißen«. Was der alten Kaffeemaschine von Tante Ruthhild recht, müsse dem End-E doch billig sein. Kurz: Wohin mit ihm? Umkommen lassen wollen wir es ja nicht.

Nun, bekannt ist ja, wie kreativ der Niederrheiner gerade mit den Widrigkeiten des Lebens fertig wird. Nehmen wir nur einmal das unverdächtige Wörtchen »Senf«. Zwei verschiedene Mitlaute, in diesem Fall also N und F, nebeneinander – da kann es beim Aussprechen schon mal Probleme geben, wenn ich mich der vielen klugen Vorträge meines seligen Deutschlehrers Dr. Pinkelkötter recht entsinne.

Doch wo andere rasch verzweifeln, fühlt sich der Niederrheiner in der Regel gerade herausgefordert. Wozu haben wir eigentlich das anderenorts so überflüssige E auf Halde gelegt? In einem wahrhaft kühnen Akt sprachlichen Recyclings finden wir den verlorenen Sohn mit einem Mal zwischen allen möglichen oder unmöglichen Mitlautpärchen wieder: »Reich mir doch mal den Sennef.« Oder: »Es ist gerade mal halleb.« Auch schon mal: »Dieses Jahr wieder nach Bad Orreb.« Ein geschickter Schachzug, von dem neben dem E schließlich sogar noch andere Selbstlaute, wie etwa das I, profitieren: »Ich brauch noch wat Millich.« Zudem werden dabei die vermeintlich so bedeutungsschwachen Mitlaute wie N, L oder R durch einfache Verdoppelung gleich mit aufgewertet. Genial.

Wie bitte? Das alles sei doch mal wieder ein ziemlicher Tinf, der einem da zu früher Stunde zugemutet werde?

Ich unterbreche Sie wirklich ungern. Aber Sie meinten vermutlich »Tinnef«.

SIFF – DER BLICK IN DEN ABGRUND

Es ist an der Zeit, dass wir uns endlich einmal auch den dunklen Seiten des Niederrheins zuwenden. Die moderne Psychologie weist ja immer wieder darauf hin, dass bloßes Verdrängen im Grunde auch nichts bringt. Jedenfalls ist das der wissenschaftliche Hintergrund, wenn wir uns heute in aller Ernsthaftigkeit mit dem wenig einladenden Begriff »Siff« befassen.

»Siff«. Lange war man ja der Meinung, das habe etwas mit einem »Siphon« zu tun. Das hängt in meinem Fall wohl mit einem früheren Besuch bei Onkel Horst in Rheinkamp zusammen. Gerade war er dabei, irgendein Waschbecken wieder funktionstüchtig zu machen. »Wat is dattan für'n Siff?«, scholl es mir schon im Flur entgegen. Soeben hatte Onkel Horst aus den Abgründen eines Abflussrohres etwas zutage befördert, dessen genauere Beschreibung ich mir im Moment erspare.

Später wurde ich gewahr, dass »Siff« durchaus auch in anderen, nicht minder abgründigen Zusammenhängen auftauchen kann, nicht selten in adjektivischer Form. Ja, was kann zwischen Vierlinden und Vierbaum nicht alles »versifft« sein: das Schulheft von Kylie-Alina, das Innere von Benjamins altem Opel Corsa oder auch drüben der offenbar seit Längerem ein wenig vernachlässigte Vonderkampsche Vorgarten. Und wer von uns kennte sie nicht, diese peinlichen Fragen mit einem nicht zu überhörenden Unterton des Vorwurfs: »Sag mal, wie lange willst du denn eigentlich noch diesen versifften Pullover tragen?« Zum Verkriechen.

Hilfreich auch Tante Ruthilds Hinweis in dieser Sache. Kaum war sie wegen ihrer Hüfte aus der längeren Kur in Bad Münster am Stein nahe der Nahe zurück, wusste sie uns darüber zu belehren, dass »Siff« wahrscheinlich mit »Sabsch« zusammenhinge, das bekanntlich in der Gegend zwischen Langenlonsheim und Niedermoschel in Umlauf sei. Auf die Frage, was das denn nun wieder sei, verwies sie einleuchtend darauf, dass sich manche Wörter allein durch ihre Lautmalerei selbst erklärten. »Sabsch« – das sage doch wohl alles.

Was nun aber die ehrwürdige Bezirksvertretung Rheinhausen um alles in der Welt bewogen haben mag, seinerzeit einer durchaus aufgeräumten Straße den doch eher anzüglichen Namen »An den Siffen« zu verpassen, darüber möchte ich lieber nicht des Weiteren spekulieren.

Am Niederrhein ist man ja vor keinem versifften Abgrund wirklich sicher.

DA BIN ICH FIES FÜR

Zum natürlichen Stamm des niederrheinischen Wortschatzes gehört bekanntlich das Wörtchen »fies«. Das liegt wohl vor allem daran, dass es hierzulande kaum etwas gibt, das dieses Adelsprädikat nicht verdiente. Was kann zwischen Walbeck und Walsum nicht alles fies sein: das schmuddelige Aprilwetter, ein übles Sudoku in der Wochenendbeilage oder auch nur irgendein aus den Abgründen eines verstopften Siphons zutage beförderter Siff. So weit, so gut.

Dank Fräulein Frielinghausens pädagogischem Ehrgeiz, uns bereits in frühen Schuljahren sicher durch die verschlungenen Pfade der deutschen Sprache zu geleiten, wissen wir auch, dass »fies« zu der Kategorie der Eigenschaftswörter gehört. Wie der Name schon sagt, teilen uns solche Wörter etwas über die Eigenschaft einer Person oder Sache mit. Behaupten wir zum Beispiel, dass Schwager Heinz-Gerd aus Wickrath manchmal »sone richtig fiese Möpp« sein kann, sagt das eben etwas Wichtiges über diesen Möpp aus.
Und nicht etwa – Gott bewahre! – über uns selbst.

Da bin ich fies für!

Warum diese umständliche Vorlesung? Nun, weil der Niederrheiner auch hier einmal wieder querschießen muss. Wie neulich, als in einer Corona-Schlange hinter mir plötzlich irgendetwas als »echt fies« bewertet wurde. Es ging, wie sich bald herausstellte, offenbar um den letzten Kurzurlaub im Süddeutschen. Genauer gesagt um ein Angebot auf der dortigen Speisekarte: »Saure Kutteln«. Hört sich erstmal einigermaßen harmlos an. Aber die Urlaubsberichterstatterin sah das wohl anders: »Nä, dat war nix für mich. Da bin ich echt fies für.«

»Ich« und »fies«? Wenn ich Fräulein Frielinghaus seinerzeit richtig verstanden habe, geht das ja nun eigentlich gar nicht. Denn gemeint war ja wohl, dass die Kutteln, nicht aber die Kuttelverächterin fies war. Aber es kommt noch schlimmer: Sie war nicht nur fies, sondern sogar fies »für«. Ja, geht's noch? »Für« – man kennt diese unschuldige Silbe aus ganz anderen Zusammenhängen, etwa aus »Fürsorge«, »Fürsprache« oder »Fürbitte«. Alles immerhin ehrbare Wörter, die wir zu Recht bei Gelegenheit nur mit einer gewissen Andacht in den Mund nehmen.

Aber: »Da bin ich fies für«? Ich? Das stimmt ja hinten und vorne nicht. Und nur mal so unter uns: Kutteln hin oder her. Sprachliches Kuddelmuddel kann ich nun mal gar nicht ab.

Da bin ich nämlich echt fies für.

FIES LECKER

Das Leben kann grausam sein. Besonders für einen eher mittelmäßigen Kolumnisten. Während sich andere dieser Zunft oft gar nicht retten können vor Lobeshymnen, euphorischen Leserbriefen, ganzen Waschkörben voller Autogrammwünsche, muss sich unsereiner – wir geben es zerknirscht zu: wieder einmal – mit einer einzigen mickrigen E-Mail begnügen. Doch die hatte es in sich. Worum ging es?

Nun, der geneigte Leser wird sich daran erinnern, dass wir – wie immer unermüdlich auf der Suche nach den wahren Hintergründen niederrheinischen Seins und Wesens – uns beim letzten Mal mit dem wichtigen Wörtchen »fies« auseinanderzusetzen hatten. Was kann am Niederrhein nicht alles »fies« sein: das Wetter, der Hexenschuss, die Schneckenplage. Soweit alles noch im grünen Bereich.

Aber nun jene Mail. In ihr wurde darauf hingewiesen, – Originalton – »dass wir ›fies‹, auch wenn wir es in der Regel als negative Apostrophierung einsetzen, ruckzuck und unversehens, quasi aus der Hüfte, ja auch in eine positive Ausrichtung verwandeln (oder verzaubern?) können.« Hä? Ich gebe gerne zu, dass mich Sätze, die über das uns seinerzeit von Fräulein Frielinghaus eingebläute Schema: Subjekt-Prädikat-Objekt hinausgehen, rasch überfordern. Doch zum Glück lieferte der Schreiber auch gleich ein passendes Beispiel für seine halsbrecherische These: »Ich sach nur: Der Nachtisch neulich war echt fies lecker.«

Das ist echt fies lecker.

Donnerwetter! »Fies lecker.« Dass man darauf nicht selbst gekommen war. Dieser vermeintliche Widerspruch offenbart ja geradezu den Kern niederrheinischer Denkungsart. Nichts ist so, wie es aussieht. In allem begegnet auch immer das scheinbare Gegenteil. Onkel Horst zum Beispiel schätzte sich kürzlich – nach einem gründlich vermurksten Dübel-Einkauf im Baumarkt – als »schön doof« ein. Während Tante Ruthild den Tatort vom vergangenen Sonntag doch tatsächlich »grausam gut« fand. Und die Älteren unter uns werden sich sicher noch an die »genial bösen« Steilpässe eines Günter Netzer erinnern. Kein Wunder: auch er Niederrheiner.

Kurz: Wir haben es – jener klugen Mail sei Dank – mit einem Phänomen typisch niederrheinischer Dialektik zu tun. Was das nun wieder ist? Wir werden bei nächster Gelegenheit darauf zurückkommen.

In solchen Dingen kann nämlich auch ein mittelmäßiger Kolumnist manchmal ziemlich fies konsequent sein.

NIEDERRHEINISCHE DIAKLEKTIK

Beim letzten Mal waren wir anhand eines alltäglichen Beispiels, wonach ein einfacher Nachtisch echt »fies lecker« sein kann, auf eine weitere Seite niederrheinischer Wesensart gestoßen. Nennen wir sie vorläufig die »dialektische«. Was das nun wieder ist? Also Dialektik, so hat das letztens mal ein Professor im Dritten erklärt, das wär, wenn man mal was hat, was sich normal absolut beißen tät, dass das dann doch irgendwie auf die Reihe käm. Alles klar soweit?

Hier, Herr und Frau Op den Hövel zum Beispiel. Seit ich die kenne, wie Katz und Hund. Nur am Streiten den ganzen Tag. Furchtbar. Ja und jetzt? Jetzt haben sie demnächst Vierzigjähriges und wollen es auch noch ganz groß feiern. In den Rheinterrassen. Drunter geht es scheinbar nicht. Verstehen tut das keiner. Sehen Sie, das ist so ein klassisches Beispiel für Dialektik.

Oder wenn man mal was anderes sagt, als man meint. Dann kann das auch so eine Art Dialektik sein. »Die scheinbare Aufhebung des Widerspruchs durch das vermeintliche Gegenteil« oder so ähnlich, meinte der Professor noch so.

In der scheinbaren Aufhebung des Widerspruchs durch das vermeintliche Gegenteil ist der Niederrheiner ja groß drin. Etwa unser Mutter damals. Mittags, wenn du dir mal ordentlich was von den Spaghettis draufgehauen hast, war sie gleich wieder dran: »Ich würd den Teller ja noch wat voller machen, Freundchen.« Dabei meinte sie es natürlich andersherum.

Oder wenn der Vatter vorm Schützenfest mit seiner Zugposaune dran am Üben war und die Tür vielleicht aus Versehen was aufgelassen hatte, dann konnte sie so richtig dialektisch werden, unsere Mutter: »Vielleicht machse't Fenster auch noch mit auf, damit se't gleich alle mitkriegen, wat du da am Rumgurken bis.«

Wir merken: Das alles ist Dialektik vom Feinsten. So wie wir das eigentlich nur von den ganz großen Grüblern dieser Welt her gewohnt sind: Kant, Hegel, Marx und wie sie alle hießen. Und jetzt wissen Sie endlich auch, warum zwischen Lühlerheim und Lüllingen noch einmal ganz eigene denkerische Duftmarken gesetzt werden. Wie? Jetzt wissen Sie es erst recht nicht? Sehen Sie, genau das ist doch das Dialektische: die scheinbare Aufhebung des Widerspruchs durch das vermeintliche Gegenteil.

Was brauchen wir da noch Kant und Hegel? Die wahre Dialektik ist längst am Niederrhein zu Hause.

YIN UND YANG IN TÖNISBERG

Wie man sich doch vertun kann. Da meinten wir letztens noch, dem niederrheinischen Wesen mit Kant und Hegel auf die Schliche gekommen zu sein, schon ist auch da mal wieder nichts mit. Es ging um die wohl nur hierzulande übliche Art und Weise, die Dinge des Lebens – sagen wir mal wohlwollend – ein wenig verwirrend auf den Punkt zu bringen. »Fies lecker« war da so ein Beispiel. Frau Verfürths »wart mal kurz« könnte ein anderes sein. Oder MSV-Fan Frederiks notorische Klage darüber, dass mal wieder nur »voll wenig« Zuschauer da waren. In der Tradition unserer großen Denker kann man das alles sicher als »dialektisch« bezeichnen.

Kann man eben nicht! So schallte es uns nun aus einem aufgebrachten Leserschreiben entgegen. Ob unsereiner denn nie etwas von den bekannten Oxymora gehört habe? Oxy … was? Nun, ein hurtiger Griff ins Regal gescheiter Nachschlagewerke belehrte uns, dass Oxymora »sich selbst widersprechende Begriffsverbindungen« sind. Aha. Jetzt leuchtete nämlich auch ein, weshalb der aufgebrachte Leser, vermutlich ein pensionierter Oberstudienrat, noch auf das bekannte »traurigfroh« eines Friedrich Hölderlin oder die erschütternde »schwarze Milch« eines Paul Celan hingewiesen hatte.

Eine andere, offenbar nicht minder kenntnisreiche, Leserin machte zudem darauf aufmerksam, dass man in dem Zusammenhang durchaus auch einmal an das chinesische Yin-Yang-Prinzip erinnern könne. Danach seien alle Gegensätze – etwa schwarz und weiß oder hell und dunkel – eben nur scheinbare. In Wahrheit ergänzten sie einander. Wobei, so die Kundige, ein Körnchen des einen Prinzips auch immer im anderen vorhanden sei. Der Einfluss ostasiatischer Kulturen nehme ja ohnehin zu. Sie selber zum Beispiel besuche schon seit Jahren einen Tai-Chi-Chuan-Kurs an der VHS Dinslaken. Auch komme die Städtepartnerschaft zwischen Duisburg und Wuhan inzwischen ordentlich voran.

Nichts gegen China, aber kennen wir das alles nicht bereits von Tante Ruthilds legendären Kochweisheiten her? »Bei süß Prise Salz, bei salzig Prise Zucker.« Körnchen des einen im anderen und umgekehrt. Oder Onkel Ewald in Tönisberg, der den etwas gewöhnungsbedürftigen Brauch pflegt, sich Erdbeermarmelade aufs Käsebrot zu schmieren.

Bei aller Liebe zu Oxymora, aber man kann es mit Yin-Yang manchmal auch etwas übertreiben.

GANZJAHRESWEIHNACHTEN

Ich weiß nicht, ob Sie das wissen. Aber der Niederrheiner hat ja zum religiösen Brauchtum ein geradezu inniges Verhältnis. St. Martinszug rund um die Marienfeldschule, gemeinsames Ostereiersuchen im Anschluss an den Familiengottesdienst, Einsegnung der neuen Feuerwehrspritze, Halloween in der Kita, ökumenische Pilgerwallfahrt nach Ginderich – um nur einiges zu nennen.

In den Zusammenhang gehören natürlich auch die berühmten Weihnachtsmärkte, die gerade hier am Niederrhein immer wieder etwas ganz Besonderes darstellen: Pommesbuden, Köpi-Ausschank, andalusische Pilzpfanne, irische Wollsocken. Und natürlich Helene Fischer in Dauerschleife. Ich liebe es.

Zum Glück beginnen die niederrheinischen Weihnachtsmärkte jedes Jahr schon etwas früher als sonst. 1. Advent? Das war mal. Anfang November, Mitte Oktober, Ende der Sommerferien? Man kann es unter der Sonne von Torremolinos meist kaum erwarten, bis es wieder so weit ist. Und mal ganz ehrlich: Karfreitag ohne Weihnachtsmarkt – würd mir echt was fehlen.

Da passt es gut ins Bild, dass auch das Christfest selbst immer mehr an Boden im Jahreslauf gewinnt. Musste man sich früher noch mit einer dürftigen Bescherung zwischen 16 und 18 Uhr an Heiligabend begnügen, um sich schon bald danach auf eine schier unerträgliche Wartezeit bis zum nächsten Fest einzurichten, so ist es hier am Niederrhein doch gelungen, diesem Übelstand kreativ entgegenzutreten.

Die ersten Aachener Printen auf dem Erntedanktisch. Originell. Spekulatius zur Gartenparty in lauer Sommernacht. Cool. Zum Ausklang des Altweibersommers aus den Lautsprechern leise rieselnder Schnee. Mal was anderes. Zur Zeugnisvergabe vor den großen Ferien Nikoläuse mit Marzipanrute. Pädagogisch klug. Und im März von einem bekannten medialen Markt, der, wie wir wissen, »nicht blöd« ist, der hilfreiche Hinweis, dass man mit einer ordentlichen Geschenkplanung gar nicht früh genug beginnen könne. Danke.

Da fällt mir der KFZ-Mechaniker meines Vertrauens ein. Er riet mir kürzlich, als ich mich lange nicht zwischen Winter- und Sommerreifen entscheiden konnte, für praktische »Ganzjahresreifen«. Nun, was das Christfest angeht, so ist man am Niederrhein schon lange auf diese geniale Idee gekommen: schlichtes Ganzjahresweihnachten. Das ist religiöses Brauchtum vom Feinsten.

Ich liebe es.

ALLES GANZ ANDERS

Ich muss doch noch einmal auf den gerade hier bei uns am Niederrhein so beliebten Weihnachtsmarkt zu sprechen kommen. Wie wohltuend in all der vorweihnachtlichen Hektik allein die stimmungsvolle Atmosphäre: Serbisches Rahmschnitzel, veganer Glühwein, »Stille Nacht« mit Andrea Berg.

Das Schöne an den niederrheinischen Weihnachtsmärkten ist ja, dass man da immer irgendwelche anderen Leute trifft. Ich meine solche, die alles ganz anders machen. Letztens zum Beispiel war es Dr. Verweyen mit Frau. Frau Verweyen hat, glaube ich, einmal Germanistik studiert. Jedenfalls grüßte sie mich mit einem Blick, der mir schlags zu Bewusstsein brachte, wie lange es her sein mochte, dass ich mich in ein hübsches kleines Lyrik-Bändchen vertieft hatte. Eine Ewigkeit wahrscheinlich. Bußfertig klammerte ich mich an meinen Glühweinbecher.

»Ach, wissen Sie, dieses ganze kommerzialisierte Weihnachten«, überfiel mich Dr. Verweyen sogleich, »alles dreht sich heute doch nur noch um Smartphones, Mountainbikes und DVD-Player. Früher haben wir wenigstens etwas selber gebastelt. Laubsäge, Topflappen oder auch mal ein kleines Gedicht für die Frau Mama. Aber heute …« Dr. Verweyen machte ein Gesicht, als müsse er der Welt Sünden tragen.

Mein Versuch, ihn behutsam darauf hinzuweisen, dass das Jahr 1957 schon ein wenig her sei, scheiterte kläglich. »Ja, was heißt denn das: andere Zeiten? Nein, mit dem Eigentlichen hat doch dieser ganze Rummel nicht mehr das Geringste zu tun.« Schneidend wie ein weihnachtliches Tranchiermesser blitzte Dr. Verweyens analytische Fähigkeit plötzlich neben dem Glühweinstand auf. Kein Wunder, dass seine Praxis so gut läuft.

Ich nickte beklommen: »Ja, ja, ich sage auch immer, am besten, man entzieht sich dieser ganzen Geschäftemacherei und verweigert sich einfach. Man muss ja schließlich nicht alles …« »Genau«, fiel mir Dr. Verweyen ins Wort, »wir steigen dieses Jahr konsequent aus. Heiligabend auf den Bahamas. Weihnachtscocktail, einheimisches Krippenspiel, kreatives Korallentauchen zum Jahreswechsel. Das ist mal was anderes. Sollten sie sich auch mal gönnen, mein Lieber.« Dann waren beide hinter einer Gondel mit preisgünstigen Geldbörsen verschwunden.

Schön, dass man auf den Weihnachtsmärkten am Niederrhein immer irgendwelche anderen Leute trifft. Ich meine solche, die alles ganz anders machen.

NUTZENBRINGENDE WEIHNACHTSZEIT

Man kann dem Niederrheiner ja manches nachsagen, aber sicher nicht, dass er keinen Sinn für das Praktische habe. Wie sonst mögen sich die vielen vernünftigen Gegenstände um Haus und Garten erklären, wie sie in unseren Breitengraden immer wieder anzutreffen sind? Erinnert sei nur an so beliebte Nützlichkeiten wie etwa den Tomatenstrunkentferner, einen ohrengefälligen Rasentrimmer oder einen zeitgesteuerten Teebeutelkran.

So nimmt es denn auch nicht wunder, dass selbst das gute alte Weihnachten davon nicht unberührt bleibt. Nein, es geht jetzt nicht um die vielen »praktischen Geschenke«, wie sie den Gabentisch vergangener Generationen häufig zu schmücken pflegten: Lavendelseife, dezenter Schlips, lieblicher Mosel. Also alles Dinge, die man sich »schon so lange gewünscht« hatte. Hierzulande geht es vielmehr um die Heerscharen nützlicher Gegenstände, wie sie sich auf den berühmten Adventsbasaren bemerkbar machen.

Während man sich anderenorts – sagen wir mal: in Radebeul oder Ratzeburg – damit begnügt, sich Jahr um Jahr an der schlichten »gnadenbringenden Weihnachtszeit« als solcher zu erfreuen, muss es bei uns am

Niederrhein vor allem etwas Verwendbares sein, dessen Erlös zudem für irgendeinen »guten Zweck«, den ich inzwischen leider vergessen habe, bestimmt ist. Man denke nur an so sachdienliche Dinge wie schmucke Strohgestecke, selbstgehämmerte Autoschlüsselanhänger oder liebevoll gehäkelte Lippenstifthalter. Jedenfalls gibt es zwischen Lohberg und Labbeck kaum ein Pfarrheim, in welchem nicht spätestens ab Mitte Januar gepinselt, gebatikt und eingekocht wird, dass es nur so eine Art hat. Nutzenbringende Weihnachtszeit halt.

In der hohen Schule der Philosophie wird solch ein Ansatz meist als bloßer »Utilitarismus«, also als eine gänzlich auf den Gebrauchswert reduzierte Handlungsweise diffamiert. Der Niederrheiner kann darüber nur müde lächeln. Für ihn ist Weihnachten eben Weihnachten, weil dieses Fest vor allem nützlich ist.

Da fällt mir mit Schrecken unsere Tante Ruthild ein: Habe ich für sie eigentlich schon ein passendes Geschenk? Also nichts wie hin zum Adventsbasar von St. Joseph. Irgendwelche lustig bemalten, zu originellen Kobolden mutierten Kieselsteine werden sich dort auf die Schnelle sicherlich noch finden lassen.

Gebrauchen kann man sowas ja immer.

Kürzlich war mein weltgewandter Cousin Roger bei mir zu Besuch. Genau, der aus der berühmten Mainmetropole. Das sei doch schrecklich, hob Roger sogleich an, dieser ganze Rummel jedes Jahr zu Weihnachten. Rund um den Römerberg nur eine einzige Konsummeile. »Last Christmas«, dass es einem aus sämtlichen Knopflöchern krieche. Schrecklich. Er werde demnächst wohl nach Alaska auswandern, um zur Besinnung zu kommen. Weihnachten sei schließlich das Fest des Friedens und nicht des Kommerzes.

Als mein weltgewandter Cousin an dieser Stelle seiner kritischen Weihnachtspredigt angelangt war, war es an mir, nun doch einmal ein gutes Wort für unseren Niederrhein einzulegen. Was Weihnachten angehe, eröffnete ich mein Plädoyer, so habe man sich hier – anders als in den bekannt traditionsvergessenen Großstädten – schließlich doch noch den Sinn für das Hergebrachte bewahrt. Er brauche sich doch nur einmal ein wenig zwischen Schermbeck und Schaephuysen umzusehen.

Tönisvorst, Geldern oder auch Arcen zum Beispiel böten »Adventszauber« gleich im praktischen Dreierpack, während andere beschauliche Orte mit einem »verkaufsoffenen 2. Advent« zu punkten verstünden. Auch locke das renommierte Fachgeschäft für Damenmoden & Accessoires unweit der Niers mit nichts Geringerem als einem heimeligen »Weihnachtsshopping« bei bis zu

15 % Rabatt. Und in dem vertrauten Restaurant nahe dem Sittardsberg könne man endlich einmal eine »Stille Nacht ohne Stress« verbringen, wobei zum Glück »auch die Partys nicht zu kurz kämen«.

Dass die Duisburger Innenstadt sich regelmäßig in ein »Lichtermeer« verwandle, sei ihm doch sicher ohnehin bekannt. Von »Shantys in Grieth«, »Eisstockschießen« in Goch, dem Adventsbasar der Freiwilligen Feuerwehr in Moers-Kapellen und einem von der örtlichen Unternehmergemeinschaft in Straelen organisierten »Nikolaussingen« nicht zu reden. Im Übrigen biete ein Reeser Fitness-Club immerhin ein günstiges »Weihnachts-Scheckheft« an. Auch könne ich ihn gerne einmal zum »Weihnachts-Circus« nach Xanten oder gar ins bekannt fromme Wesel mitnehmen, wo es dieses Jahr »pausenlos weihnachte«.

»Da bin ich wirklich platt«, stammelte Roger nach dieser meiner adventlichen Ansprache mit einem geradezu verklärten Blick. Er habe gar nicht gewusst, dass es am Niederrhein an Weihnachten so besinnlich zugehe.

BESINNUNG AUF DAS WESENTLICHE

Der Niederrheiner ist ja bekannt für seine Traditionsverbundenheit. Er weiß: Weihnachten ist auch immer die Zeit der Besinnung auf das Wesentliche. Das brachte mir letztens schlagartig zu Bewusstsein, dass ich eigentlich mal wieder bei Onkel Horst in Rheinkamp vorbeischauen könnte. So viel, dachte ich mir, muss trotz aller vorweihnachtlichen Hektik noch drin sein.

Schon von Weitem leuchtete es mir ziemlich weihnachtlich entgegen. Onkel Horst hatte im Vorgarten – bibelfest, wie er nun mal drauf ist – ein paar Tiere zum Blinken gebracht: Schaf, Ochs, Esel, Rentier, Reh, Bär, Wolf, Fuchs, Hase, Maulwurf, Micky Maus und Goofy, um nur einige bekannte Figuren aus der Weihnachtsgeschichte des Evangelisten Lukas zu nennen. »Wenn man bedenkt, was Weihnachten eigentlich bedeutet«, so belehrte mich

Onkel Horst sogleich, »dann sollte man schon ein bisschen was tun. Hier, komm mal mit auf unsern Balkon.«

Bald sah ich mich umgeben von einer bescheidenen Ansammlung an Solar-Lichterketten, Eisregengirlanden, batteriebetriebenen Lichtbündeln, einem LED-Außenlichternetz, ein paar farbchangierenden Lichtschläuchen, einigen an sogenannten »Hirtenbogenhaken« montierten Mikrolichtern und einer leibhaftigen Tenderflamme im Original »Candle-Look«. Auch würde der seitlich postierte, schlappe vier Meter große und geradezu magisch illuminierte Plastikschneemann sicher einmal für leuchtende Kinderaugen sorgen.

»Und wenn du mal für einen Moment da drüben auf die Garagenwand guckst«, fuhr Onkel Horst mit seiner theologischen Unterweisung fort, »dann wirst du staunen.« In der Tat: Vor meinen vor lauter Besinnung fast heiligenachtblind gewordenen Augen tanzten auf wundersame Weise Engel, Weihnachtsmänner, Christkindl, Schneewittchen und die sieben Zwerge auf und ab. Dazu ein paar Sterne, Tannenzweige, Nussknacker, Eisblumen und ein richtiggehendes Außenthermometer, das man so auch schon lange nicht mehr gesehen hat. Weiß der Himmel, woher der verborgene Laserstrahl seine geheimnisvolle Kraft bezog. Wunder der Weihnacht halt.

»Ich finde, es ist in den letzten Jahren so viel an guter alter Tradition den Bach runtergegangen«, beschloss Onkel Horst seine adventliche Verkündigung, »da sollte man schon versuchen, sich wenigstens an Weihnachten ein bisschen auf das Wesentliche zu besinnen.«

Im Grunde seines Wesens ist der Niederrheiner eigentlich ein Agnostiker. Was das jetzt wieder ist? Nun, das ist jene Sorte Mensch, die sich bei den wichtigen Fragen des Lebens nie so recht entscheiden kann. Zum Prinzip erhobene Ungewissheit sozusagen. Für den Glauben kann man sich einerseits nicht entschließen. Und knallharter Atheist will man andererseits dann doch auch nicht so schnell sein. Ob es zum Beispiel höhere Mächte gibt? »Man weiset nich.«

»Man weiset nich.« Nirgendwo auf der weiten Welt ist diese Haltung, die ja durchaus auch etwas von intellektueller Bescheidenheit in sich birgt, so verbreitet wie bei uns am Niederrhein. Ob es zum Beispiel richtig war, dass Frau Mömken anlässlich der Silberhochzeit an der Kaffeetafel ausgerechnet neben Frau Lehmkühler zu sitzen kam – »man weiset nich«. Ob das Wetter kommendes Wochenende, wenn es mal wieder mit dem Tambourcorps Grün-Weiß nach Zons geht, mitspielt – »man weiset nich«. Bandscheibe oder Hexenschuss? Reine Schurwolle oder praktisches Mischgewebe? Fach-Abi oder doch besser eine ordentliche Ausbildung für Jennifer? »Man weiset nich.«

Das grundsätzliche Nichtwissen als Lebensprinzip. Schon der Oberagnostiker Sokrates gab ja seinerzeit vor, zu wissen, dass er nichts wisse. Woher er dieses Wissen hatte? »Man weiset nich.« Immerhin inspirierte das seinerzeit keine Geringere als die blitzgescheite Vicky Leandros, übrigens eine Landsfrau jenes großen Philosophen, zu einem gleichnamigen Schlagertitel. Die dort geträllerte Einsicht: »Ich weiß, dass ich nichts weiß. Schon die Erkenntnis hat ihren Preis.« Donnerwetter. Das hätte doch glatt von dem für seine tiefe Nachdenklichkeit bekannten Fernseh-Weisen Richard David Precht stammen können.

Oder kommt am Ende doch alles von hier? Der Urniederrheiner Hanns Dieter Hüsch führte ja, wie man weiß, immer wieder darüber Klage, dass der Niederrheiner zwar nichts wisse, wohl aber alles erklären könne. Das wiederum könnte zu einer ganz neuen Erkenntnis führen, die – frei nach Vicky – natürlich auch »ihren Preis hat«. Welchen? Vielleicht die nicht ganz so abwegige Vermutung, dass der alte Sokrates nicht, wie Wikipedia in seinem gefährlichen Halbwissen behauptet, aus dem bei Athen gelegenen Alopeke, sondern schlicht aus Alpen am Niederrhein stammte.

Aber wie gesagt: »Man weiset nich.«

Der geneigten Leserschaft wird aufgefallen sein, dass bei unseren Betrachtungen über den Niederrhein immer nur von dem »Niederrheiner«, nirgendwo aber von einer »Niederrheinerin« die Rede war. Ja, um alles in der Welt! Nie was von Gender gehört? Gemach, gemach. Den Verdacht, dass zwischen Bergerfurth und Broekhuysen womöglich nur Männer existieren, können wir rasch mit dem Hinweis entkräften, dass uns immerhin mehrfach Tante Ruthild und Fräulein Frielinghaus über den Weg gelaufen sind.

Um der Wahrheit die Ehre zu geben: Beim »Niederrheiner« handelt es sich überhaupt nicht um ein bestimmtes männliches Wesen, sondern vielmehr – so viel Wissenschaft muss an dieser Stelle einmal sein – um eine Art Gattung, vergleichbar etwa dem »Neandertaler«. Jedenfalls ist keine Besucherin des gleichnamigen Museums nahe Mettmann jemals auf die Idee verfallen, Frauen könnten seinerzeit nicht »mitgemeint« gewesen sein. Irgendwie muss ja schließlich die heutige Menschheit zustande gekommen sein.

Auch wird man an dieser Stelle einmal darauf verweisen dürfen, dass die zwischen Duisburg und Xanten pendelnde Regionalbahn – biologisch eindeutig weiblichen Geschlechts – merkwürdigerweise »Der Niederrheiner« heißt. Wird dieses offenkundig chauvinistische Verkehrsmittel deshalb von Niederrheinerinnen gemieden? Mitnichten. Dass eben jener »Niederrheiner«, nebenbei gesagt, notorisch zu einer gewissen Unpünktlichkeit neigt, wollen wir hier besser nicht unter Genderaspekten diskutieren.

Gleichwohl bleibt die Frage: Wer oder was ist eigentlich tatsächlich gemeint, wenn von »dem Niederrheiner« die Rede ist? Nun, wenn man all seine vielen Wesenszüge – nebeltiefe Weisheit, lustvolles Genervtsein, beeindruckende Wortschöpfungen wie »Näne«, »Sennef« oder »Schökes« – einmal auf den Punkt bringt, kommt man leicht zu dem Schluss, dass »der Niederrheiner« eigentlich weder männlich noch weiblich, sondern schlicht ein menschheitsgeschichtliches Kulturgut ist. In Ranghöhe etwa mit dem Steigerlied oder auch der Trinkhalle, die es ja neuerdings sogar bis in das Inventar des »immateriellen Kulturerbes von Nordrhein-Westfalen« gebracht haben.

Höchste Zeit also, endlich einmal auch dem Niederrheiner ein eigenes Museum zu widmen, wissend, dass die Niederrheinerin natürlich »mitgemeint« ist.

Weitere Titel von Okko Herlyn im Mercator-Verlag

WIE SOLLET SEIN?
Näheres vom Niederrhein und anderswoher

In lockerem Wechsel von Prosatexten, Gedichten und Liedern verrät Okko Herlyn Erheiterndes und Wissenswertes über den Niederrhein und Duisburg. Oft humoristisch, manchmal bissig und stets nachdenklich, führt der Autor die LeserInnen sicher durch die interessante Landschaft der niederrheinischen Seele.

136 Seiten | 11 x 18 cm
ISBN 978-3-874635-16-5 | 8,90 €

HIER STEHE ICH, ICH KANN AUCH ANDERS
Luther unkorrekt

Wer bislang meinte, »seinen« Luther zu kennen, wird sich verwundert die Augen reiben. Der große Reformator – ein früher Frauenversteher? Richtungweisender Pionier in Sachen Medienpräsenz? Kreativer Vordenker moderner Eventgottesdienste und geistiger Sponsor gemeindlichen Lebens als Beziehungskiste? Manch eine empfindliche Lücke in der Lutherforschung wird hier geschlossen. Martin stand und steht noch immer und … er kann auch anders.

2. Auflage | 160 Seiten | 11 x 18 cm
ISBN 978-3-946895-04-6 | 8,90 €